やりたいことを今すぐやれば、
人生はうまくいく

練習
不糾結

有川真由美——著　楊詠婷——譯
Arikawa Mayumi

擺脫束縛的41項行動指南

推薦文

可以糾結，也可以小步向前

洪仲清（臨床心理師）

我們可以暫把一個人「糾結」的狀態，比喻成心裡有兩個矛盾的想法在打架。其中一個想法要我們往前跨步，另一個想法則拖住了我們的腳步。

拖住我們腳步的想法，有可能是擔心「我事情做不好」，也可能是「我不好」。前者的擔心很自然，這幫助我們看見每個需要解決的問題；後者傾向對自我全面否定，這可能導致焦慮、恐懼，讓我們選擇逃避事情。

當我們否定自己，也就容易在遇到困難時畏縮退卻，這樣的心理歷程甚至可能導致拖延症。因為「不做」就不會錯，就不用遭受做錯之後，自我抨擊的難受。然而，這同時也會陷入一個誤區——「不做」也不一定能躲過他人和自己的責備。

換言之，自我否定容易卡住自己，進而讓關係陷入僵局，而且活得也很不自由。

會糾結也不是壞事，這代表我們想把事情做好。可是，我們心理所設定的標準愈高，我們愈容易糾結，因為高標準常引來自我懷疑。

如果我們接納自我懷疑，同時又充分覺知內在的渴望，我們便能從眼前的一小段路跨出腳步，累積小成就才有走遠路的信心。本來「多做就會多錯」，尤其我們處在一個慣於挑人毛病的文化裡，這讓我們難以接納自己的「錯」。可是，當我們不苛求完美，願意「先求有再求好」，那我們就更有機會活出自我。

在《練習不糾結》中，作者寫到：「那是一個舒爽又萬里無雲的春天傍晚。空氣澄澈清新，不冷也不熱。這樣舒適的傍晚在整年當中難得一見，我一察覺到就立刻飛奔而出，朝著附近的公園走去。我的手上有很多工作，還有必須要回覆的郵件，但是總會有辦法。因為我當時覺得：『享受這個傍晚是現在最優先的事。』」

我們彷彿也隨著作者踏出內心的一步，她說：「我漫步著，欣賞夕照從紅色慢慢轉為藍黑，等我坐到公園的椅子上，毛絨絨的蒲公英種子隨著清風從我眼前飄過。當時，我全身上下都被無法形容的幸福感包圍，那是一個讓人忍不住感謝『啊，活著真好』、充滿喜悅的傍晚。」

當一個人能活出自我，能跟當下的自我連結，能享受夕陽微風，能活得生機蓬勃，能用澄澈的心看出「真正對我重要的事物」，便有能量突破糾結。事情照樣做，只是心態不同，輕重緩急也會重新調整過。

祝願您，多關注自己的需要與渴求，那裡蘊藏著我們的生命力，可以化解糾結猶豫！

推薦短文

試著踏出一步，用行動改變自己

Emily（「空姐報報Emily Post」版主）

在一場談自媒體的講座上，有人問我：「在經營自媒體時，該做自己想做的，還是大家想看的？」

這是很好的問題，每個人因為考量不同，答案可能也不同。我當下回答的是：「我認為要做自己喜歡、想做的，這樣才是長久之計。」

當你真正喜歡、很享受一件事時，你才會想要持續做。因為任何其他的理由，都沒有強大到可以讓你一直走下去！

做自己想做的事情是人生很重要的課題，找到想做的事或許沒有很難，難的是真正付諸行動。能否成功完成目標和夢想，終究在於你願意花多少時間和心力，去努力實踐它。

很喜歡書裡面提到的概念——當「情緒」、「思考」及「行動」都達成一致，就能發揮超強力量！

或許你不缺乏夢想，缺少的是實現的勇氣。當我們願意學習面對恐懼，用行動改變自己，所期待的未來，才會愈來愈靠近。每一滴汗水和淚水，都能讓我們變得更加美好。

推薦給每一位在為自己的夢想努力的讀者。

推薦短文

別讓糾結情緒影響你遇見更好的自己

少女凱倫（作家）

前陣子，我向主管提出「離職」。

工作第六年，這是我第六次提離職，也就是說，在我的人生裡早就重演好多次這樣的場景了，但真正離職前，我仍然糾結許久，因為對我而言，這次的離開，是要揮別舒適圈，往其他方向邁進，不安的「情緒」在那段時間不斷左右著我的心情。

有人說：「抉擇，是為了遇見更好的自己。」但尚未遇見之前，我們總是抱持懷疑、無法相信，因而延遲了決定。不過就像作者在書中說：「不好的事情本身並沒有支配我們的力量，支配我們的是恐懼的情緒。」只要理解這點，就能面對眼前的狀況，找出適合自己的作法。

《練習不糾結》這本書，將「糾結」的路徑清楚地分成了情緒、思考及行動，當三者有其一沒有在同條水平線上時，就會造成糾結，連帶影響了人生的各個層面。

當你下次糾結時，練習分拆每個小元素，就能幫助自己釐清現在的狀態，並跟著本書的步調，打造更好的自我吧！

推薦短文

活出不糾結的人生

林宜融（音樂工作者）

非常榮幸再次受邀寫序，《練習不糾結》這本書分享了很多實用的方法，教導如何去「想」與如何去「做」，最終讓我們都可以成為自己想成為的人。

在學習音樂的過程中，偶爾我也是個想太多、在意別人眼光以及面對挑戰會猶豫的人，對於本書有種相見恨晚的感覺。第一次讀到書中內容時，真的得到了好多實用的技巧。書裡也教導了我未來在面對問題時，該如何解決自己的疑惑，該怎麼去做對的思考，進而完成我該完成的挑戰，讓自己遠離負面的想法與糾結的心情，可以更容易地往對的方向前進。

誠摯地推薦大家透過此書來砥礪自己，做自己想做的事，成為自己想成為的人。我才是我人生的主角，讓我們從此刻起，活出不一樣的精彩人生吧！

推薦短文

不需等到完美，現在就出發吧！

洪培芸（臨床心理師）

身為臨床心理師，尤其是身兼作家、講者……更多身分及角色後，占據我時間及心神的待辦事項就愈來愈多了。然而，我時時自問，探尋內心：我到底是為誰辛苦，為何而忙呢？是為了迎合外界期許，為了要符合他人認為「洪培芸」應該要有的樣子？還是去做對我自己而言，真正重要而且有意義的事？

如同本書第六章談到「創造奇蹟的人」，句句深得我心。確實，我總是將想做的事化為行動，從不找藉口拖延。累的時候，頂多幽自己一默，我不是神；跌倒了，就告訴自己此路不通，該轉彎了。

作者也提到，持續行動，不斷調整。你不需要等到一切就緒，保證完美再出發，只要在行動的過程中微調就可以了。

畢竟，成功的人不是不曾動搖，而是即使內心動搖，也不會裹足不前，他們仍舊持續前進。

你會發現，多數人用了一生的時間去糾結。對於別人的要求，不好意思拒絕；自己想做的事，無限期擱置。結果是什麼呢？就是日後感到萬分後悔，卻已經回不到從前。

定期整理你的人生優先順序，走在成為自己的道路上，就能創造奇蹟，不再糾結。現在馬上開始！

推薦短文

從糾結中，找回人生的主控權

黃之盈（諮商心理師）

你常常被工作追著跑嗎？你常感到生活都不在自己的掌控中嗎？你常覺得身不由己嗎？你曾問過自己「目前手邊有哪些事情，是做自己想做的事」嗎？當我們專注於當下，而非過去的焦慮和未來的擔憂，當下的奇蹟力量就浮現了！

在書中，作者提到我們每個人都非常平凡普通，卻也擁有無與倫比的奇蹟力量，若我們小看自己的力量，被懷疑、猶豫、包袱、羞愧或各種複雜的負面心情糾結包圍著，這樣一來不但違背我們的天性，還會削弱我們的行動力。

這些天性包括孩童般的好奇、無懼挑戰的精神、跨越無常的強韌等，也因為每個人都擁抱各項人生抉擇和內在力量，作者更鼓舞我們不為自己找藉口，斷開「猶豫不決」和「怪罪自己」等內在自囚的鎖鏈，找回動力，專注於自己的人生本業。

「你有能力為自己決定」這句話何其重要，但我們生命中的他人往往強加各種想法，左右我們的決定。這沒關係，就從現在開始，讓我們常常告訴自己這句話，給予自己支撐、鼓舞和行動力。

擺脫因活在他人眼光而被撕裂的自我意識，從行動中重新擁抱安定的力量，重新找回人生主控權。謝謝你正在做的所有事，取回主導生活的動力吧！

目錄——Contents

Chapter 1

你可以實現「真正的夢想」

閱歷豐富、總是不斷在成長的人，他們都有一個巨大的共同點，那就是「總之先試試看」的挑戰精神。

Chapter 2

「做自己想做的事」是人生最重要的課題

人都是在「真正做些什麼」的情況下建立信任，進而產生深刻的連結。現在正是挑戰或學習自己感興趣的事，以此累積今後生存武器的時候。

Chapter 3

你擁有實現「夢想」的能力

你的一天二十四小時，都被什麼事情占據呢？
用「真心想實現的夢想」、「想達成的目標」填滿時間，
你所期待的未來就會一步步地靠近。

Chapter 4

你具備往前踏出「一步」的能力

再龐大的工作，都是由一個個的小任務所組成。一個動作會引起連鎖反應，觸發下一個動作。就像是推倒一張骨牌，整個牌組的方向就改變了。

Chapter 5

別把時間浪費在「不重要的事情」上

無法去面對重要事物的原因之一，是我們總在煩惱各種「自己所無法控制的事」。
你真的想把如此龐大的能量浪費在那些事上嗎？

Chapter 6

做自己想做的事，就會產生奇蹟

奇蹟並非違反自然法則，反而是順應自然法則。
將充分的時間以及能量投注到重要的事物上。
這麼一來，你就能得到心裡真正想要的東西。

Chapter 7

你能成為自己想成為的人

當時代改變，生活方式變得如此多樣化，已經沒有人走在我們前面了。我其實衷心期盼那樣的狀況。你有能力決定今後「想成為的自己」。

前言

釐清自己真正想做的事

我們的前路，是完全自由的。

當全世界都因為新冠疫情陷入混亂，許多人開始思考：「今後自己該如何在這個世上生存下去？」

不管做了多麼詳細的人生規畫，都無法保證明天會發生什麼事，會不會有生命危險，整個社會的狀況也不斷地在變動……在這樣的情況下，人們就不得不去思考，對自己來說真正重要的是什麼。

在這個當下，拿起這本書的你，或許已經找到了真心想做的事，正要往那個目標前進；也可能正在迷惘該不該踏出那一步，更或者是尚未找到自己想要去的方向。

本書的誕生，是為了給那樣的你傳達一個訊息：「想做什麼就立刻去做。」這是讓今後人生得以閃閃發光的必要條件。

人生沒有固定的道路。

沒有保證安全、只有好處、絕對能得到幸福的道路。

唯有知道自己的目標，並且堅定向前走的人，才能得到自己真正想要的東西。

「想做什麼就立刻去做」，是一個讓自己獲得幸福的重要習慣。當你不再隨波逐流，能忠於自己的內心，就能不斷地實現一個個的夢想，從中累積許多的喜悅與自信，確實感受自己活著的事實。

如果真的珍惜自己的人生，就不要讓自己在生命的最後，還為了「早知道就應該去嘗試」、「當初應該鼓起勇氣去實現夢想」而遺憾。難得活在這個世間，既然有想做的事，若是不立刻去嘗試，不就太可惜了嗎？

相信讀完這本書，你應該會慢慢釐清自己真正想做、真正重視的事物是什麼，然後立刻開始行動。

想做的事立刻去做，你就能親身證明這是實現夢想的最佳辦法。

我保證，只要願意踏出這一步，你的未來馬上會變得光明，人也會更加地成長、茁壯。

二〇二〇年十一月

有川真由美

Chapter 1

你可以實現「真正的夢想」

閱歷豐富、總是不斷在成長的人，
他們都有一個巨大的共同點，
那就是「總之先試試看」的挑戰精神。

01．為什麼人總是拖延「想做的事」？

你是不是這樣的人——

其實，你有真正想做的事。

你知道，自己必須為此採取行動。

你也知道，繼續過現在的生活，自己所期待的未來永遠不會到來。

雖然知道，但你今天仍然度過了和之前完全相同的一天。

你一直拖拖拉拉，無法下定決心……

你可能想考取某個證照，想要慢跑，想和家人有時間相處，想去旅行。

你有很多想做的事，卻被生活中的各種瑣事追著跑，忙得抽不出時間。

你之所以沒有採取行動，並不是因為意志薄弱。
而是「現在的感受（情緒）」、「現在的想法（思考）」
以及「現在的行為（行動）」沒有達成一致。

然後，一直隨波逐流……

你也曾下定決心，今天，一定要採取行動。

但東想西想之後，突然又覺得麻煩起來，隨便找了一個藉口，告訴自己「算了，明天再說吧」。

結果，就這樣不斷地往後拖延……

「雖然腦子裡一直想採取行動，但就是提不起勁」、「就是無法化為行動」，每個人應該都曾有過這種狀況吧！

到了最後，還把自己沒有採取行動的原因歸咎於「意志薄弱」，覺得全都是「意志」所造成的。是不是這樣呢？

但是，你之所以沒有採取行動，並不是因為意志薄弱。

而是「現在的感受（情緒）」、「現在的想法（思考）」以及「現在的行為（行動）」沒有達成一致。

✣

小孩子總是朝著自己感興趣的事物直直奔去。

想觸摸就觸摸，看到喜歡的繪本或玩具就忘我，對喜歡的人總是露出大大的笑容。想跑就跑，想哭就哭，做什麼都竭盡全力。累了倒頭就睡，等到能量恢復之後，又活力滿滿地行動起來。

由於孩子們的思考系統尚未成熟，所以一切行動全憑感覺，他們的「情緒」、「思考」及「行動」都在同一條線上，做什麼都直接又乾脆。

✣

隨著人的成長，思考能力逐漸完善，獲得的資訊增加，人會開始向周圍尋求平衡及妥協，並且考量未來的狀況。這會讓人的行動漸漸受限，導致最後動彈不得。

雖然腦子在催促自己「快點行動」，情緒卻可能對其他資訊產生反應，表達出「不要」、「好害怕」、「好麻煩」，不斷在心裡踩著剎車。

不管是斥責自己「意志太薄弱」或鼓勵自己「只要行動就會成功」，也很難改變這樣的情緒。

一直責備自己「怎麼這麼糟糕」，到最後很可能會完全失去自信。

但是，促使人們前往想去的目標，感受幸福並且成長茁壯的核心力量，正是喜、怒、哀、樂等原始的「情緒」。

無論好壞，「情緒」都能變成極為強大的力量。

優秀的發明，世界各地的文化、經濟、政治，全都是由某種強大的情緒所推動。而我們絕大多數的煩惱，也都來自於各種情緒的干擾。

想讓「情緒」成為助力，「思考」和「行動」的力量不可或缺。當「思考」和「行動」得到正面的迴響，情緒也會隨之改變。這讓「情緒」、「思考」及「行動」得以達成一致。

因此，當內心踩下剎車，不需要否定自己「真的很糟糕」，或是假裝視而不見，可以試著接納這樣的情緒，理解「嗯，這很正常」，然後問自己：「那麼，接下來該怎麼做？」

✣

當「情緒」、「思考」及「行動」達成一致之後，才能朝著自己想去的方向前進。

這一章就是要傳達這個方法。

02．當「情緒」、「思考」及「行動」達成一致，就能發揮超強力量

其實，我們本就具備讓人生變得精彩萬分的能力。

那就是「情緒」、「思考」及「行動」這三種能力。

「愉快（情緒），認同（思考），執行（行動）」，當這三種力量合而為一，就能最大限度地激發自己的可能性，從而得到真正想要的事物。

✣

這裡有一個誤區，我們在思考時，經常會不自覺地將「情緒」、「思考」及「行動」視為一體，但它們其實是完全獨立的存在。

這也導致了以下種種狀況。

「不知道為什麼（思考），就是沒有動力（情緒），只好一直拖拖拉拉（行動）。」

「感覺好像很棒（情緒），但想了想（思考），又開始覺得不安（情緒），最後一步都不敢踏出去（行動）。」

「雖然試著照別人說的去做了（行動），卻怎麼也接受不了（情緒），心情很鬱悶（情緒）。」

就像這樣，當中的「情緒」、「思考」及「行動」全部各自為政，導致最終無法踏出一步。

這裡，我們試著將「情緒」看成馬，「思考」看成車夫，「行動」看成馬車，再稍微整理一下。

善加利用「思考」和「行動」的能力，去增幅「情緒」的力量，就能啟動前進。

- 「情緒」（馬）：下意識湧出的喜怒哀樂、心情等力量
- 「思考」（車夫）：縝密且有意識的思考能力
- 「行動」（馬車）：將想做的事化為行動的能力

「情緒」這匹馬，開心時會愉悅地往前奔跑，卻又膽小、容易受到驚嚇，一遇到危險不是瞬間僵住，就是很可能暴走狂奔。

情緒能夠讓人即時覺察到危險，但也經常出現「誤報」的情況。

明明只是一隻無害的小動物，卻被放大成可怕的猛獸，或使前方道路看起來既漫長又險峻，

在內心引起「不要」、「好可怕」、「好辛苦」的排斥反應。

這時，就需要有智慧的車夫登場。

「唉呀唉呀，沒什麼好怕的。」「只要這麼做就會沒事。」「過去看看吧，那裡真的很棒哦！」像這樣溫柔地牽引馬兒的轠繩。

然後再勸慰馬兒：「要不要試著動一下看看？」只要馬兒敢於踏出腳步，牠的情緒便可能產生變化，不知不覺就忘記了不安的感覺，開心地盡情往前奔跑。

✣

我們自己平時就經常扮演這位有智慧的車夫。

「下雨了，心情好糟，真不想去上班。」每當這種時候，這位車夫就會用開心的事引誘自己，像是「對了，要不然中午去那家店吃吃看吧」，再催促著「好了，快點準備吧」，在逐一的行動中，打開工作模式的開關。

有時候，也會這樣鼓勵自己：「本來有點擔心有沒有辦法勝任新工作，不過想到可以請各方同事給予協助，心情就輕鬆了起來。」「原本只是想試試看而已，沒想到竟然成功了。」

✣

善加利用「思考」和「行動」的能力，去增幅「情緒」的力量，就能啟動前進。

03．看向正確方向，鬆開「內心的剎車」

明明有想做的事，說出口的卻是「無法踏出那一步」、「缺乏動力」、「很快就半途而廢」等，這是因為內心遇到了某種阻力，導致行動時踩了剎車。

這個無形的「內心剎車」，是一種可以讓人覺察到危險的情緒探測器。如果運作良好，就能即刻提供有智慧的判斷，像是「現在最好先別這麼做，等狀況調整好再說」或「等一下，那個人的舉動有點問題」等等。

但就像前面提過的，這個探測器也常會出現「誤判」的狀況。

原本，人就更容易關注負面的事物。

即使有想做的事，卻總是被「一定不會順利」、「要是讓大家失望怎麼支配我們的是恐懼的情緒。
只要明白了這個機制，我們就能從不安當中解放。

辦」及「感覺好辛苦」等負面資訊奪去注意力，進而踩下內心的剎車。

那麼，要怎麼做才能鬆開這道剎車呢？

一個方法，是有意識地覺察不斷在心裡踩剎車的負面「情緒」，然後去處理它。

「雖然有很想做的事，但就是……」這種莫名出現阻力的狀況，很可能是因為自己的內心深處存在著「不想做」的想法。

人在接收到負面資訊的那一瞬間，心裡「不想做」的念頭就會悄然滋生，五秒鐘過後，腦子裡便全部都是「實現這個夢想有多困難」的各種理由。

也就是說，人的內心當中一直存在著「想做」（想要前進）的推力，以及「不想做」（只想維持現狀）的阻力，無論遇到什麼狀況，油門與剎車都會同時用力。

目光一旦轉到「不想做」那個方向，所有加重剎車阻力的能量就會蜂擁而來，浮現「你之前就失敗過了」、「朋友說最好還是不要」、「現在這樣也沒什麼不好啊」等種種念頭。

這種時候，所有接收到的資訊都會自動轉成負面的解釋。

明明還有「雖然失敗了，但也看到了成功的方法」、「聽了朋友的意見，反而更知道該如何避開地雷」、「現在這樣雖然也很好，但如果試著再往前踏出一步，說不定會更好」一類正面的解釋，腦子卻不會這麼想；即使身邊出現了能讓自己更進一步的契機，也可能會因此錯失。

✣

某間大學曾經做過一個實驗，他們讓「覺得自己很幸運的人」與「覺得自己很不幸的人」進行抽籤，以此來測試他們幸運的程度，看看哪一方比較容易中獎。

結果怎麼樣呢？

雙方中獎的機率完全相同。也就是說，他們發生好事、壞事的「運氣」完全一樣。雙方之所以會對自己產生「幸運」及「不幸」兩種感覺，是因為他們看待事物的角度不同。

然而，能否迅速察覺到機會的存在，事後選擇適切的行動，以及養成日常的行動力，都可能大大改變自己的運氣。

人只會看到自己想看的東西。

有人因為失戀而身心受創，從此害怕到「再也不敢戀愛」；有人則從失戀中學到東西，更加堅定地「尋找下一個更好的戀情」。

有人會因為「沒錢」、「沒時間」等等原因而放棄夢想；有人則會努力思考「即便如此，還有沒有自己能做的事」。

所有的事件都是無色透明，是我們替它加上了特定的顏色。不好的事情本身並沒有支配我們的力量，支配我們的是恐懼的情緒。只要明白了這個機制，我們就能從不安當中解放。

✣

但是，這並不是說凡事都要無腦地「正面思考」，盲目地相信「只要努力就會成功」。而是要學會將恐懼暫時放到一邊，讓自己能冷靜地面對現實，思考「還有沒有解決的辦法」，這樣才能幫助自己更容易鬆開內心的剎車。

✣

如果發現自己被「做不到」、「不會順利」等消極的「偏見」給支配了，不妨試著轉換想法，反問自己：「真的做不到嗎？」想想看：「但也可能會順利吧？」

這麼一來，我們的思考就會全部集中在「做得到的理由」與「做得到的方法」上。只要選擇「做得到」的方向，所有支持自己的資訊就會匯集而來，好比「之前不也是這麼過來了，之後不會有問題的」、「其實身邊有很多可以幫助自己的資源」等等。

即使沒辦法立刻做出決定也沒關係，只要目光一直放在「做得到」這個目標，持續朝這個方向思考，總有一天會突然柳暗花明，看到對未來的希望，隨即展開行動。

有時候，不加思索地採取行動也並非不好，很可能在行動當中就會產生「啊，很可能會成功」的自信。

這就是「情緒」、「思考」及「行動」達成一致的效果。

✣

這個「內心的剎車」，呈現的是「自己的目光放在何處」的心理習慣，所以，想要馬上完全鬆開是不可能的事。不過，還是有慢慢一步步鬆開並獲得自信的訣竅，繼續看下去吧！

04 · 不在意他人眼光，勇於挑戰想做的事

很多時候，阻止我們挑戰「想做的事」的，通常是「別人的眼光」。人或多或少都存在著「想要被人肯定」的認同欲求，但是，如果太在意周圍的眼光，好比「害怕被討厭」、「不想讓別人失望」或是「不想被認為是廢物」等等，就會失去自由行動的能力。

凡事只想著迎合別人，最後就會忘記自己真正想做什麼。

✣

我在二、三十歲時，就因為過於在意他人眼光，弄得自己無所適從，現在想來真的有點愚蠢。

比起煩惱別人怎麼看自己，
還不如認真地去思考自己想怎麼做，
這讓人更有活著的感覺。

或許，那時的我對自己是沒有自信的吧！

當時，我在一間公認的知名企業擔任行政人員，由於工作太過單調無趣，半年後實在忍受不了，只好辭職。自那之後，每次換工作都會被批評「竟然因為那點小事就辭職」、「每個地方的問題都差不多，要學會忍耐」，結果變得愈來愈膽小畏縮。

每次換到一個如同「村落社會」的封閉職場裡，我都會提醒自己不要「引人注意」，時時刻刻都想著「要是那麼做，別人會怎麼看待」、「說那種話可能會被否定」，極力壓抑自己的想法，抹殺自己的存在感。

即使出現了想挑戰的目標，比起「失敗了怎

得很嚴重了。

麼辦」，我更害怕「別人覺得我失敗了怎麼辦」，因而裹足不前，可以說是病

直到近四十歲，我的腦子突然出現了一個堅定的想法——「這個年紀過了就再也回不來，如果再不做自己想做的事，豈不太可惜了？」

於是，我立刻決定「搬去東京成為文字工作者」，周圍的人全都反對，他們說：「現在？」「拜託你快點穩定下來吧！」但我完全充耳不聞，全身都是「想做什麼，現在立刻就要做」的衝勁，驅使我採取行動。

這股衝勁裡，不是只有勇氣或希望等光明面。

而是因為這明明是自己的人生，是僅有一次的人生，我卻沒有挑戰過任何可能性，就這樣讓時光白白流逝，這讓我非常痛苦。

✣

現在想來，我真的很慶幸自己當初勇敢地付諸行動。不是因為我如今確實成了一名作者，而是即使我曾為此窮困潦倒、艱苦難熬，也不曾後悔過「早

知道當初就不做了」。

回想這整段過程，每一個片段都充滿了「做自己想做的事」的滿足與充實，讓我為自己感到驕傲。

再來，就是深刻地體會到，世上沒有什麼能夠束縛我們，只有在意他人眼光的自己。做每一件事，都會有人說「好」，有人說「不好」，得不到所有人的認同是很自然的事。

比起煩惱別人怎麼看自己，還不如認真地去思考自己想怎麼做，怎麼實現夢想的人生，這讓人更有活著的感覺。

世上只有我們會最認真為自己煩惱、想著如何讓自己幸福。所以，只要自己覺得滿足和認同，一切就足夠了。

犧牲自己去迎合他人，最終誰都不會得到幸福。

做自己想做的事，到自己有能力幫助別人的時候，才能真正地為別人帶來幸福。

05．不斷行動，才能擁有「安定」

還有不少時候，是「尋求安定的心情」阻礙我們去做想做的事。

的確，勇於追求夢想或做自己喜歡的事，雖然賦予人自由的感覺，但也同時給人收入不穩定、生活不穩定、無法被社會信任……諸如此類的印象。

✣

當時代處於前路不明、未來也看似悲觀的氛圍裡，眾人會傾向於「維持安定」。大多數的年輕人或中老年人異口同聲地表達「想去穩定的企業工作」、「想要穩定的收入」、「想考取有保障的證照」，沒有人有心思去實現夢想，一心只想追求「安定」。

成為別人心中的「第一選擇」，就能擁有長久的安定。
一個「能夠有所貢獻的人」，
永遠都可以找到自己的棲身之所。

如果是女性，可能還有「藉由結婚來獲得穩定」這個選項吧！

只不過，當人抱著依存外物的想法，基本上就不太可能得到安定。

我們經常把希望放在「企業」、「收入」、「證照」、「結婚」等看似不可動搖的東西上，覺得它們能帶來安穩。但事實真是如此嗎？

其實，光是這幾十年，就可以看出世界有了非常巨大的變化，目前看似安穩的事物，可能在一年後，不，甚至是明天就會變得完全不穩定。這已經成為常態。

如果執意留在原地不動，只會讓自己被困在不合理的工作方式，以及無止盡的人際關係折磨當中，進退兩難。

一心只想追求安定，就會陷入不自由的境地。

✣

那麼，身處在無法預測的時代裡，我們難道無法擁有穩定嗎？

雖然世上不存在絕對的穩定，但是，全心專注於夢想並提升自己，讓自己成為「被人需要的存在」，就是擁有穩定感的不二法門。

比如說，在我請來照顧母親的看護員當中，有一位「被大家需要」的女性。

她不只在照護技巧、飲食調理及溝通等技術上非常專業，最重要的是她做每件事都非常真誠，讓身為家屬的我們都連帶地感受到溫暖。

我想，她一定深受每個受到她照顧的家庭喜愛，就算去了別的地方，也還是會被非常多人需要吧。

✣

還有我的一位男性朋友，他在某家大企業的地方分公司工作了數十年，結果遇上分公司關了，超過一千人被資遣的景況。他雖然獲得留用，不過必須隻身去別的城市工作。緊接而來的，是他所屬的業務部門居然還被一家海外企業給併購了。

「我從來沒想過會發生這種事。每個人的明天會發生什麼事，真的完全無法預測。」他這麼說。現在，他每到週末就四處幫孩子拍免費肖像照，再傳到Instagram上，簡介上寫著：「不需交通費及攝影費，有喜歡的照片再購買即可。」

他所拍的照片充滿了魅力，就連不是父母的人都會被深深打動，甚至還拍成了影片。來自日本各地的預約源源不絕，他也因此獲得了豐厚的收入。

在現今這個誰都能用手機簡單拍出美照的時代，像這種其他人無法拍出的獨特作品，才因此更具有價值吧！

他現在整個人都投入在自己喜歡的事物裡，還開心地告訴我：「已經準備隨時辭掉現在的工作了。」

無論自己想做的事情能否成為工作，最好都可以試著挑戰一次看看。如果最終真的想以此維生，就要努力讓自己擁有「被人需要的價值」。

現今這個時代，或許就有著最好的實踐機會。

有了無遠弗屆的網路，每個人都能與全世界的人接軌。

例如，一個人想成為諮商心理師，他可以努力往上爬，從成千上萬的同業當中脫穎而出，成為最頂尖的專業諮商心理師；也能選擇發揮自己獨有的才能，成為「為發展障礙孩童的父母提供幫助」、「懂得手語」等獨一無二的特殊諮商心理師。

真正的安定，不是依附在看似安穩的外物之上，而是不管處於何種景況都有能力生存下去。

無論做什麼工作，只要能為他人所需，成為別人心中的「第一選擇」，就能擁有長久的安定。一個「能夠有所貢獻的人」，永遠都可以找到自己的棲身之所。

✣

就是因為處在前路不明的時代，才更要隨心所欲地活著。

說到底，當周遭的環境不斷產生變動，我們也會被逼著因應那些變動，不得不跟著改變自身。

既然如此，還不如主動去挑戰自己想做的事，這樣反而更開心。

06．勇於行動，解放「內心的剎車」

閱歷豐富、總是不斷在成長的人，他們都有一個巨大的共同點，那就是「總之先試試看」的挑戰精神。

✣

我認識一對朋友夫妻，他們是「總之先試試看」的進階版，是「反正去做就對了」的超級行動派。

剛開始，他們為了能更接近大自然，特意住到山裡去。後來隨著孩子成長，變得忙於工作和補習升學等事，「要是這樣下去，很難擁有理想的家庭生活。」一想到這點，他們便毅然決然地移居到海外一座南方小島。

光是在腦子裡思考，還是會有疏漏，
只要願意往前踏出一步，
很快就會知道「自己哪裡不足」，
還有「下一步應該怎麼做」。

有好幾年的時間，一家六口每月只靠三萬日幣（約七千五百元台幣）過活。

那裡沒有電視或電玩等現代設備，全家人每天一起釣魚、打撲克牌，享受相聚的時光。不過，當夫妻倆開始煩惱「這樣下去，孩子們只能一輩子困在這座島上」時，他們又決定搬到美國居住。

丈夫申請到一間研究所，進而取得簽證，然後一邊在實驗室打工一邊攻讀學位，後來成了大學教授，孩子們也在美國讀完大學。

現在，他們在美國買下了比十座東京巨蛋還大的山頭，打算在上面蓋房子。妻子表示：「我先生說沒把房子蓋好之前絕對不能死，我也只好陪他了。」兩人就這樣一起開心逐夢。

他們總是這麼告訴自己的孩子。

「不管做什麼事，都不要自我『設限』。不要限制自己只能在能力範圍內進行思考，覺得自己只有這種程度，所以只能做這樣的事。而是要去探索自己真正想做的是什麼，又應該採取什麼行動，這樣就能完成大多數的夢想。」

他們的孩子在父母的影響下，順利成為了音樂家及服裝設計師，在各自的領域非常活躍。

「總之先試試看」的力量，能幫助人們突破自己的壁壘，更廣泛地擴展可能性。

關於行動力的強大能量會在後面的章節詳述，這裡想告訴大家的是——「行動」並不是誕生自「情緒」與「思考」，而是有了「行動」，才讓「情緒」與「思考」被催生出來。

舉個很小的例子，比如現在十分流行Zoom的飲酒會及各種線上課程，有人只是在腦中想著「有點想試試看」，但一直沒有行動；有人一產生興趣就決定「總之先試試看」，立刻採取行動。

那些踩下內心的剎車、遲遲沒有行動的人，只要一天沒有解決掉心裡不安的因素，這一天就不會向前走。他們必須努力讓自己產生積極的動力，透過縝密思考讓自己安心……一直到「情緒」與「思考」整合好了，才會慢吞吞地動起來。

說得好聽是「步步為營」，但過於小心謹慎，很可能最後就會被不安打敗，決定「還是算了」，然後錯失掉難得的機會。

相反地，決定「總之先試試看」的人，不管眼前有多少不安的因素，他們都願意抱持著冒險精神去行動，鼓勵自己：「順利的話算我幸運，不順利的話就算了。」

不管如何，只要開始動起來，無論之後順利與否，都能夠消除我們心中的「恐懼」。

前陣子，我滿懷忐忑地參加了一場Zoom飲酒會，意外地度過了一段愉快的時光。

不過，也不是一切全然完美，至少我發現：「這種方式每次只能有一個人發言，所以人數較多的時候就不太適合我。」這讓我知道，下次我可以選擇參加人數較少的Zoom飲酒會，同時也減輕了我參加線上課程的心理障礙……也就是說，它讓我願意繼續進行下一步。

就像是一邊走過石橋，還能同時加固腳下基石的感覺。

只是踏出一小步，就能讓自己的「思考」、「情緒」和「行動」有效地被整合，最後變得完全一致。

光是在腦子裡思考，還是會有疏漏，畢竟很多事如果不實際去嘗試，就不會發現問題在哪裡。只要願意往前踏出一步，很快就會知道「自己哪裡不足」，還有「下一步應該怎麼做」。

這也就是為什麼常聽到有人嘗試自己不擅長的工作，結果「愈做愈開心」、「愈做愈有自信」。因為實際的行動幫助他們拓展了自己的可能性。

當然，也有可能是嘗試了之後才發現「這個不適合自己，還是放棄比較好」，或是「可能需要轉換跑道」。

即便如此，還是會留下「做了自己想做的事」的滿足感及認同感，同時讓自己的「夢想」之一有了結果。很多時候，人之所以後悔「為什麼當初不敢做」，就是因為沒有得到一個結果，才會一直放不下。

人生過得是否豐富，取決於生命中累積了多少的喜怒哀樂。勇於行動的人，雖然會在每天的生活中經歷各種憤怒或悲傷，但也會品味到更多的喜悅及快樂，不是嗎？

Chapter 2

「做自己想做的事」是人生最重要的課題

人都是在「真正做些什麼」的情況下建立信任，進而產生深刻的連結。現在正是挑戰或學習自己感興趣的事，以此累積今後生存武器的時候。

07. 做自己想做的事，是幸福的不二法門

「想做什麼就立刻去做」是人類自然且原始的欲望，更是一種喜悅。我們經常將人生想得太過複雜，其實它應該更為簡單。

想吃就吃，想看就看，想問就問，想去哪兒就去哪兒，想見誰就見誰，想學習就學習，想做什麼就做什麼……順從自己的欲求，做任何想做的事。

「想吃就吃」這個欲求，與「想蒐集中世紀的骨董」、「想在祕境深山有間房」、「想成為政治家，改變這個國家」雖然有層級與難度上的差別，但本質上完全相同，都是朝著自己想去的方向前進。

我一直認為「人生是上天給我們一生一次的暑假」。
將「想做的事」當作人生或每天生活的重心，
或許就能因此啟動夢想。

是直到腦中出現了第一章所提過的各種負面思考：「做這些又有什麼用？」「可能會順利嗎？」「別人會怎麼想？」「會不會是自己太貪心了？」事情才開始變得複雜，進而使我們踩下內心的剎車，甚至還會拚命地去做和夢想無關的事情。

只要活在社會當中，就得配合他人，還有許多不得不做的事，但是「自己想做的事」，依然應該是人生的第一優先。

據說人在臨終時最常見的懊悔就是「沒有活出自己的人生」，也就是不曾鼓起勇氣去實現自己的夢想。

「真希望自己過去不是活在別人的期待中，而是有勇氣按照自己的心意，活出一個真實的人生。」「早知道就不要只是拚命工作了。」「我早該追求自己的幸福……」人們之所以有這些後悔，最主要就是因為當初有機會實現夢想，最後卻沒有去做。

我所採訪的對象當中，有好幾位曾經驚險地與死神擦身而過。

當我詢問他們：「之後過著什麼樣的生活？」他們的答案裡都有一個相同的部分，就是「盡全力去實現所有夢想」，並且發自內心享受這件事。

有一位曾經是設計師的男性，因為交通事故全盲，說自己「今後要過著全新的人生」，就去考取了針灸師的資格然後開店。他會在自己的沙龍裡舉辦料理教室及電影欣賞會，甚至一個人帶著導盲犬去海外旅行，學習空手道、衝浪、足球、拳擊、默劇……不斷地挑戰新事物。

烏拉圭第一位女副總統露西亞・托波蘭斯基（Lucia Topolansky），從二十多歲到四十多歲都被當成政治犯關在監獄，遭到各種嚴刑拷問，許多戰友也因此死去。

平反之後，托波蘭斯基仍一心從政。

她從小就抱著「要拯救貧窮困苦的人們」的想法，也自始至終都沒有放棄這個理想。

✣

說句不怕被誤解的話，我一直認為「人生是上天給我們一生一次的暑假」。沒有作業，想怎麼玩就怎麼玩，只要不給別人造成麻煩，做什麼都可以，挑戰所有自己想挑戰的事，臨死前都還覺得「啊——好開心」，假期中滿滿都是幸福。

工作也是我們應該全心投入的遊戲之一，就像寫作，如果不是「真的想寫些什麼」，就算寫了也沒意義。

如果寫的東西還能給別人帶來幫助，那就更讓人開心了。不對，應該是要先有「想幫助別人」的想法，然後才找到「寫東西」這個手段。

✣

人生最重要的，就是珍惜必須珍惜的東西，還有享受快樂，讓自己感到開心。將「想做的事」當作人生或每天生活的重心，或許就能因此啟動夢想。

○8．做自己想做的事，「快感」滿滿

挑戰新事物，會帶來巨大的喜悅。

在過程中，會讓人產生無法言喻、「氣氛對了」的感覺。

✣

朋友就讀小學四年級的女兒，某天拿了各種檢定考的申請書來找她。

「媽媽，我想考這些檢定考，可以嗎？」

朋友看了一下，發現有「國連英檢」（日本聯合國協會舉辦的英檢）、「HSK」（漢語水平考試）、「數學檢定」……

「為什麼想考這些？」朋友問道。

「就是想挑戰一下。」
「只是這樣？」
「對啊，這樣不行嗎？」
「沒有不行，只是，為什麼你會想挑戰這些呢？」
「媽媽在工作的時候，不是也很喜歡挑戰嗎？」
原來如此。朋友是一間人力派遣公司的社長，總喜歡挑戰不同的事物或新方向。看到媽媽的努力，女兒也產生了「想挑戰些什麼」的想法。
後來，她每天與艱難的題庫奮鬥，幾個月之後，就連續通過了國連英檢D級和C級。

✣

過去，你是否也曾經有過「想真心挑戰一下」或「突破自我界限」的一股衝動呢？
人本來就只做會讓自己產生「快感」，也就是感到愉悅的事。

比起真正得到某樣東西，
人在感覺到自己「可能獲得某樣東西」的那一刻，
才會獲得最大的「快感」。

我的身邊存在著各種以「獲得快感」為目標的挑戰者……

有一心想參加里約狂歡節而拚命練習森巴的人，有在自家陽台種植蔬菜的人，有想騎自行車環日本一圈的人，有想親手蓋自家房子的人，有到中年才開始學習外語或樂器的人……各種各樣。

小到更換房間的擺設、去陌生的街道探險、去興趣教室上課等等，都能算是一種挑戰。

一開始的動機或許是想變得自信、想要炫耀或是想交到新朋友，可能不那麼純粹，但最終還是因為內心深處莫名感到「這麼做會很開心」、「學會了一定很棒」這些令人興奮的「快感」吧！

據說，比起真正得到某樣東西，人在感覺到自己「可能獲得某樣東西」的那一刻，才會獲得最大的「快感」。

擁有希望能讓人產生「快感」，全心投入某樣事物也能獲得「快感」。

完成某個目標能產生「快感」，和周圍的人互相幫助、共享喜悅也能獲得「快感」。

因為這些「快感」，即使人生道路遇到了困難、麻煩或險阻，也有辦法繼續前進。

「今天成功完成了這件事。」

「挑戰之後有了新發現。」

「自己有做這件事的能力。」

如果每天都能像這樣感受到小小的喜悅，生活就會變得愈來愈充實。

✣

我十分推薦大家去「旅行」，因為它是CP值最高的娛樂和自我投資，光是想到「好，來去旅行吧」，就會立刻讓人產生幸福的「快感」。想到「週末能出門走走」，再困難的工作都能立即產生動力。

旅行的過程充滿了品嘗美食、享受美景等「快感」，回來之後，還有回想美好記憶帶來的「快感」。

與家人或朋友一邊欣賞照片，一邊回憶「當時還發生了哪些事」，也是美好的「快感」。

✣

當然，如果你覺得「自己現在就很幸福了」、「沒有什麼特別想做的事」，每天都過得很滿足，那就沒有必要特別去做什麼。

不是只有尋求刺激才叫幸福，能夠從每天的生活中感受到喜悅，其實也是一種幸福。即使對於想要追求刺激的人，這也是很重要的部分。

前提是我們沒有欺騙自己這樣就夠好了，覺得自己似乎「沒有資格追求」或是「不能活得太貪心」。

特別是充滿旺盛精力的年輕世代，不可能滿足於原地踏步。不，不管什麼年紀或長到幾歲，都還是有人活力滿滿，隨時都在追求夢想。

自從我接受自己是個「貪心的人」，就不再阻止自己去追求夢想。雖然想要的太多，有時會覺得痛苦，但愈是親手去實現夢想，所獲得的滿足感就愈大。

只要心裡萌生出「想試試看」的想法，不管事情再小，都要試著親手去完成它。

不需要思考「做了有什麼用」，只要自己能感受到「快樂」那就夠了。這會悄悄改變你內在的某些東西。

可能是一些自信，可能是又更喜歡自己，亦或是開始覺得未來變得更加光明……

就算只是極微小的變化，都能成為明天活下去的力量。

09. 飽嘗失敗、不順，其實是好事

我曾在某位物理學家那裡聽到一段很有意思的話。

「學者在做實驗時，會先提出多數人能設想到的假設，再著手進行，基本上失敗個三次是正常的。優秀的學者遇到失敗會額手稱慶，因為這樣就能設立出與眾不同、專屬於自己的假設。就算是天才，也是失敗兩次，好不容易才成功，凡人沒有不失敗三次的。但是，每個人只要失敗過三次，就能追上失敗兩次的天才了。」

✣

原來如此，我拍著大腿深表認同，同時也讓我領悟到幾件事。

第一，想要前進，就需要立下「想要做這件事」或「應該能變成那樣」的「假設」。

第二，自己的預測多少會與現實產生落差。

第三，當事情不順，如果能自己找到解決方法，或是發現新的目標，最終就能一切順利。

不要以「只有天才能達到那麼厲害的成就」作為放棄的理由，凡人在歷經幾次失敗之後，也可能成功實現夢想。

✣

有時，在採取行動的過程中，也可能到達一個過去未曾想過的地方。

其實，當我決定成為一名文字工作者來到東京，原本是想成為記者，後來也確實得到機會在國內外進行採訪，替報紙及週刊撰寫報導。只是實際嘗試過後，我深刻感受到「這不是我能應付的世界」，我在撰寫政治或經濟領域相關報導方面，擁有的知識及能力完全不足。

只要勇於行動，自然就會得到結果。

即使不順利，也能很快釋懷。

我努力地暗中摸索，某天突然靈光一閃——「說不定自己能寫一本書幫助在工作中遭遇困境的人」。我到現在都還記得當時浮出這個想法時，全身戰慄的感覺。我比其他人見證過更多的工作現場，一定能給別人帶來幫助，當我產生這個新的「假設」，隨即就展開行動。

如今回想起來，連我自己都訝異「怎麼走到這裡的」，但是，比起最初給自己訂下的假設，新的方向反而帶給我更大的驚喜。

✣

人生，就像一場壯闊的實驗。

無論工作、玩樂、結婚或戀愛都需要一個假設，一旦行不通，再從這裡推演出下一個假設……

就這樣不停反覆，直到最後接近自己真正想要的目標。

人生之所以有趣，就是因為無法預測。在不斷地犯錯中累積自己的人生經驗，思考「或許這麼做會更好」、「原來還有另一條路」，然後一步步找到屬於自己的幸福。或許，這才是人生真正的醍醐味。

沒有人會故意讓自己遭受失敗或挫折，所以，那也許是上天給的禮物——即使當我們身處其中無法察覺。

✣

去香港旅行時，有件事讓我既驚喜又感動。

那就是，絕大部分的香港人都有男女朋友。

雖然不知道我得到的資訊是否正確，但我問了好幾個人，他們都覺得這沒什麼了不起。

住在香港的朋友這麼對我說。

「許多依日本標準應該交不到女朋友（或男朋友）的人，幾乎都有另一半，而且感情都還不錯。香港人的想法就是，有興趣就立刻發動攻勢，不行就爽快放棄，再尋找下一個目標。嘗試過幾次，就會知道自己該如何交到男女朋友，以及適合與什麼人在一起。」

也就是說，只要勇於行動，自然就會得到結果。

最糟的是什麼都沒做就對自己說：「反正也不可能。」自動放棄機會，甚至去批判其他正在行動的人。

當一個人為了自己的夢想努力，就不會在意別人的眼光。

即使不順利，也能很快釋懷。

來一場屬於自己的實驗吧！去挑戰各種夢想，不斷地失敗、嘗盡挫折，再傲然地站起身，向前方邁進吧！

10．最好「立刻」去做的理由

如果現在有想實現的夢想，就該「立刻」去做。當下，就是最好的「時機點」。

我們經常聽到許多中老年人表示「等我退休後就去務農」、「到時就買露營車四處垂釣」等等。但是，這些事「現在」都做不到嗎？

執著於「退休計畫」的人，即使後來熱情消退了，也會堅持不改變想法，還會不斷說服自己「這就是我想要做的事」。

當他們真的開始準備，很可能早就沒有體力，人脈也斷絕得差不多了，就算有錢有閒，也沒有能力去實現夢想了。

驅動他們的不是「不做不行」的壓力，
而是「無法不去做」的熱情。
想做的事若不現在去做，就沒有任何意義。

這樣的人生，不覺得有點可惜嗎？

即使現在沒有足夠的預算或時間，也可以趁週末布置家庭式的菜園，或出去釣釣魚，等到真的退休，或許會因為「之前都已經做過了」，所以想挑戰下一個夢想也說不定。

真正能在退休後實現夢想的人，在過去也從不曾停止行動。想開餐廳的人，會在週末去提升廚藝，到處品評美食；想在祕境深山有間房的人，一有時間就會踏遍山區，努力研究蓋房技術。驅動他們的不是「不做不行」的壓力，而是「無法不去做」的熱情。

年輕人也經常藉口「必須存退休金」或「現在沒有空」，將夢想不斷往後拖延，真讓人覺得惋惜。

現在正是實現夢想、體驗全新經驗、挑戰或學習自己感興趣的事，以此累積今後生存武器的時候。

人都是在「真正做些什麼」的情況下建立信任，進而產生深刻的連結。在如此充滿精力、還被允許失敗、能輕易獲得別人信任的年輕歲月什麼都不做，實在太浪費寶貴的時光。

✣

大約二十年前，有一部叫《無我新生活》（*My Life Without Me*）的電影。

故事是一個被醫師宣告生命只剩兩個月的年輕女性，在筆記本中列下她最後想完成的十個心願，然後默默地在暗中執行……

當時，我模仿女主角寫下了十個願望，等數十年後再次發現這張清單，我受到了極大的衝擊。

我在高漲的熱情中寫下「想環遊世界」、「想帶父母去國外旅行」、「想去柬埔寨建設學校」、「想要開一間店」等等。有的夢想早已實現，有的夢想則再也不可能實現。

剩下的全都是「已經沒必要實現」的事，連一個「到現在還想做」的夢想都沒有。

滿懷熱情時沒有立刻行動，那股熱情真的會冷卻。

真正想實現的夢想，不惜舉債也會立刻採取行動，因為會產生「現在不做以後就做不成了」、「害怕錯過機會」的危機感。

如果讓我現在寫下「死前想做的事」，一定會和之前不同。等到七十歲了，可能又會變成完全不一樣的清單……

想做的事若不現在去做，就沒有任何意義。

書本也是，如果在「想讀」的時候去讀，很快就會沉迷其中，也更容易吸收內容。一旦想著「有空再讀吧」，這些書就會被丟在一邊，接著熱情消退，再也提不起興趣，最後連自己買過書的事都忘了。

✣

很多事都是「只有那時才想做」、「只有那時才能做」。特別是身邊的人和環境都會發生變化，能做某些事的時機只有「當下」。

與家人的時光不會是永恆，所以努力留出相聚的快樂時光吧！

平時難以碰面的家人，覺得想念就馬上打電話給他們吧！

有機會見到想見的人，再遠也見上一面吧！

當季的食材，在滋味最美的時期品嘗吧！

想去哪裡，現在就去吧！

當人生可以想做什麼就立刻去做，必定充滿著歡欣與喜悅。若一直等著自己「有時間」、「有預算」，人生則很快就到盡頭了。

11.「好奇心」是能量的來源

有些人能夠鍥而不捨地追尋夢想，甚至樂此不疲，最大的原動力就是「好奇心」。

對於未知的事物，他們總是興奮不已，想要「知道得更多」、「嘗試去挑戰」，無法抑制的好奇心就是驅使他們追求夢想的開關。

其實，每個人身上都有好奇心的開關。

✣

我有個朋友很熱衷「理財技巧」，從理財中得到的收入比正職還多。她從數百萬日幣的本金開始，最後錢滾錢變成了五棟大樓及公寓。

「我也好想要這樣的被動收入啊！」每個人都這麼想，卻不是誰都能簡單做到。買房時需要蒐集各種情報，花費的時間精力完全超乎一般人想像。為了確認大樓的資產價值，她還經常需要半夜去調查大樓的周邊環境，暗中向附近居民打聽各種消息……

她可以毫不厭倦，甚至樂此不疲地做這件事，就是因為「喜歡」。

✣

其實每個人體內所蘊藏的能量總和都差不多，分配到的時間同樣是一天二十四小時。

把時間及能量花在對的地方，才能凝聚成巨大的力量和結果。

被稱為天才的人們，不僅有非凡的能力，更捨得為自己的才能投資最多的時間及能量。

有人可能會覺得「我又沒有才能」、「受到上天眷顧的人本來就不一樣」，但是，這麼去看待自己實在有些可惜。

其實每個人體內所蘊藏的能量總和都差不多，
把時間及能量花在對的地方，
才能凝聚成巨大的力量和結果。

只要能啟動自己的「好奇心」，誰都能廢寢忘食地追逐夢想，激發自己的潛能。

✣

如果只是為了「將來可能用到」、「能夠賺大錢」、「可以得到認可」、「聽別人說不錯」的理由去做，不但難以累積實力，也無法獲得好的結果。

✣

總是向周圍的人乞求答案，只會增長看人臉色的能力或迎合他人的技巧，完全無法提升自己原有的能力。將人生的掌控權寄託在不可靠的外物上，只會白白消耗時間與能量。

✣

不管幾歲都活得朝氣蓬勃的人，皆擁有無盡

的「好奇心」。他們只要發現自己感興趣的事，不會管別人怎麼想，立刻全心投入，滿腦子都是「那是什麼？」和「我也想挑戰看看」的想法。

這是因為，好奇心讓他們擁有源源不絕的動力。

好奇心也讓他們想知道得更多，想更加成長，不惜一切也要追求、實現夢想，讓每一分鐘都充滿意義，最後化為壓倒性的力量。

✣

如果覺得自己現在已經「失去好奇心」，可以試著回頭做些小時候曾經很喜歡，或是眼前讓自己感興趣的事，不管什麼都可以。

畫畫、讀歷史書、製作手工藝品……做自己喜歡的事，能讓人重新想起專注於喜愛的事物時，所感受到的成就感和愉悅感。

或者也可以從當下的工作中，尋找能激發好奇心的部分。徹底蒐集自己感興趣的資訊，學習相關技巧，說不定某天就能另闢蹊徑。一旦找到自己的定位，也能轉為與他人連結的力量。

只不過，許多好奇心旺盛、容易為新事物著迷的人，有時進行到某種程度就會失去興趣，也就是所謂的「三分鐘熱度」，這經常被視為一種缺點。

但是，當他們對一件事冷卻下來，又會立刻將興趣轉移到下一個目標，努力學習更多知識、累積更多經驗，從而培養出各種才能，提高自己的生存能力。他們所做過的每件事都會相互積累，形成深厚的根基。

✣

人生最重要的，不是凡事都要有結果，更不是追求他人眼中的成功。

而是自己掌握人生的主控權，努力「活在當下」。

能夠從早到晚、時刻沉浸在自己喜歡的事物裡，這樣的人可說是人生的勝利者了吧！

12. 選擇工作時，要從「能做的事」當中選擇「想做的事」

曾經有人問我：「真的不能選擇自己喜歡的事物或興趣當作工作嗎？」

當然可以。一個能夠做到極致的工作，通常不是興趣變成了工作，就是工作變成了興趣。

真的發自內心想做，就放手去做，與是不是工作沒有關係；要是「沒有錢就不想做」，很可能就不是真的那麼喜歡。

想靠喜歡的事物維生，重點就不能放在「想做什麼」，而是自己「能做什麼」，這才更為實際。

想讓喜歡的事變成工作，
最快的捷徑就是將「如何讓別人開心」當作目標，
並採取行動。

再喜歡一件事，如果市場沒有需求，也無法變成一個工作。

✣

過去，我採訪過許多「工作表現極致到令人感動」的專家達人。

當我問起他們從事這個行業的契機，只有少數的人回答：「原本只是興趣，做著做著就變成工作了。」「從小就夢想做這個工作，最後夢想成真。」

剩下的全都是「工作能力受到肯定」、「沒有別人願意做」、「碰巧看到徵人廣告」之類，在偶然的機運下走到了巔峰。

一開始，他們可能只是抱著一點好奇心，覺

得「可以試試看」、「好像挺有趣的」，後來愈做愈有成就感，別人也因此感到開心，便投入了更多心力……

✣

我有一個朋友是單親媽媽，原本想提升電腦技術以便找工作，所以跑去參加網頁設計教學課程。但她沒有閒錢，就直接找上老師，說自己「可以幫忙接待和招生」，就這樣換到了免費課程。

那個老師之後還主動委託她做網頁設計，她的工作也日益增多，甚至和鄰里附近的媽媽們共同開設了一間公司。再到後來，她的客戶甚至擴展到電商營運、物流業、商品開發、出版、房屋仲介等各領域，年收入高達數億日元，還蓋了一棟屬於自己的公司大樓。

她只要聽到客戶說「出了一點麻煩」、「想對外委託某個業務」，就會主動爭取「請交給我們處理」。

即使公司完全沒有接觸過那個領域，她也會努力蒐集所有資訊，向專業人士請益，甚至取得相關證照及技能，全力完成委託。別人因為她對工作的熱愛而得益，她也因此得到周遭人們的極大信賴，對她抱著「只要交給她就不會有問題」的信心。

能力愈頂尖，愈容易得到他人的肯定。當「產出」（output）的質量夠高，「投入」（input）的量自然也會增加。

「想做出更好的東西」、「想讓更多人開心」的熱情，最終會化為更多的成就和自我成長。

反過來說，學得再專精或取得再多證照，如果無處發揮（output），能夠接到的機會（input）也會愈來愈少。

✣

海外生活可以選擇的工作不多，比起「想做的事」，更需要從「能做的事」當中尋找。

某個朋友因為「找不到其他工作」，只好去當日語老師，為了提升能力和取得相關資格，又去讀了研究所，最後成為大學講師，把自己喜歡的藝術融入到了教學當中。

另一個朋友原本是導遊，後來產生了想親手打造一間理想旅店並雇用當地人作為員工的想法，最後也實現了夢想。

他們都是在做自己「能做的事」的過程中，實現了「想做的事」。

許多「想做的事」，都是在「巧合」或是「機緣」當中偶然發現的。不是隨波逐流，而是自己主動順流而下，最終到達自己「曾經夢想，卻遺忘了的地方」。

想讓喜歡的事變成工作，最快的捷徑就是將「如何讓別人開心」、「如何讓自己開心」當作目標，並採取行動。

Chapter 3

你擁有實現「夢想」的能力

你的一天二十四小時，都被什麼事情占據呢？
用「真心想實現的夢想」、「想達成的目標」填滿時間，
你所期待的未來就會一步步地靠近。

13．只要「想」，就有能力「實現」

本章想告訴大家的是，每一個希望實現夢想的人，體內都蘊含著令人驚嘆的力量，因此，「重要的事立刻去做」，可以幫助你發揮自己的潛能。

✣

據說，人只會想像有可能實現的事。

沒有成年人會想「實現」一個完全不可能的事，會去想像，就代表它至少有百分之一的可能性。

在我們的內心深處，其實非常清楚什麼做得到、什麼做不到。

所以，只要產生了「很想挑戰」、「想變成那樣」的想法，就表示我們真心想做一件事，再難再累都不辭辛勞；
打從心底不想做，再簡單再有好處也不屑一顧。

已經具備將它化為現實的力量。

有人可能半信半疑：「話是這麼說，但事情沒那麼簡單吧？」

因為他不相信「只要敢想，就能實現」的力量。

當然，我的意思並不是所有想像的事都能變成現實。

但如果連想都不敢想，根本不可能有開始的機會。

夢想或目標就像樂透，沒有人知道會不會中獎，但如果連「可能性」都不願意賭，就連中獎的機會都沒有。

✣

夢想成為奧運選手的人，都是抱著「自己可

以」的信念進行每天的訓練。還有「想成為校隊的正式選手」、「想默默支持選手，一起前進奧運」等夢想之人。

這些夢想不分大小，如同第二章說過的，人一旦沒有為自己設定「假設」，就不會採取行動。

在你覺得自己「說不定可以」的那一刻，外在便會湧現相應的力量；然而，一旦認為「夢想不可能實現」，即便早已擁有足夠的能力，也會因此受限，不能發揮。

「不可能」與「擁有百分之一的可能性」，這兩種思考模式產生的結果完全是天壤之別。

願望與野心看似都以「成功」為目的，但更多時候，那是人們活在當下的「目標」。

即使夢想最後沒有達成，只要「該做的都做了」、「已經盡了全力」，就不需要後悔。

不用想得太複雜，「想做什麼就去做」，到時力量自然會湧現。

真心想做一件事，再難再累都不辭辛勞；打從心底不想做，再簡單再有好處也不屑一顧。

想做什麼就去做，本來是很簡單的事，卻因為內心產生恐懼，結果做出錯誤的判斷。

擔心「別人會怎麼想」、「要是失敗怎麼辦」、「還是安穩一點比較好」等等，過度的思考往往會讓自己無法動彈。

這個時候，可以問問自己的內心。

「真正想怎麼做？」

人在面臨人生的重大決定時都會猶豫不決，但此時釐清自己真正的想法相當重要。

就算是每天的生活，也需要煩惱假日怎麼安排、中午吃什麼、買哪件衣服，這時可以試著問自己「真正要怎麼做」，而不是「應該怎麼做」。同時確認「現在為什麼事而開心」。

不斷地思考自己為什麼感動，對什麼心動，做了什麼感到滿足；或者相反地對什麼無感，又討厭什麼，就會愈來愈清楚內心真正的想法。

當人的內心受到觸動，就會發揮出超強的行動力。

只有自己才知道怎麼讓自己幸福，幸福其實存在於每個人的內心，不需要左顧右盼，也不需要向他人乞求，更不需要與他人競爭或比賽。

唯一需要的，就是「選擇自己想做的事」。

如果說人生是場戰鬥，那麼請為真實的自己而戰，而不是與他人戰鬥。

找到自己真正想做的事之後，就直直朝著它前進吧！

勇敢無畏地行動，會造就出強大的力量。

之後的事，之後再來思考就好。

14. 最樂觀的態度，最具體的想像

如果你有個一定要實現的夢，就用最樂觀的態度去想像吧！

「船到橋頭自然直」的樂觀態度，能讓自己不被多餘的事情轉移注意力，全心全意地關注「當下」。

✣

再來，是要具體地想像。

常聽人家說「想像愈具體，願望愈容易實現」，還有「吸引力法則」，但這並不是指隨便想像一件事，這件事就能成真。

要注意，那必須是一件「無法不去具體想像的事」。

我非常清楚想像力的強大能量，也曾經鉅細靡遺地描繪並祈願過「一定要成功」，但或許是我的信心還不夠吧，那個願望逐漸被我淡忘，最後埋藏在心底深處。

一個最終能實現的願望，通常都是「無法不去具體想像的事」，也就是「即使沒有打算去想，還是忍不住會想」。

比如希望自己「第一次出書就暢銷」，談到這個夢想，腦中就會浮現「在橫濱車站地下街的某某書店，自己的書被陳列在暢銷書區，下班經過的女性把書拿起來認真閱讀」這個景象。

不是告訴自己：「好，現在來想像吧！」而是不由自主地就會幻想「如果真的能這樣，那該有多好」。

不僅是視覺上的景象，甚至還可能聽到地下街吵雜的聲音，感受到乾燥的空氣，聞到附近餐廳飄出來的香味等具體的感受。

想像愈具體，全身所感受到的「快感」就愈強烈，之後為了再次獲得這

行動當前還是要對夢想有具體的想像，
它能讓我們更清楚地了解，
自己有多重視這個夢想。

份快感，大腦會不斷地反覆想像這個畫面。

最後，這個原本只是描繪出來的光景，就會化作真正的現實。

我有一個朋友，從二十幾歲開始就想要有一間「三房兩廳的夢幻公寓」，她每天不斷翻看建築及室內設計雜誌，幻想著「眼前就是大海，所有家具都是自己喜歡的風格」……

她說：「不管工作再辛苦，只要想到心愛的房子，就覺得什麼都能克服。」夜晚感到疲憊了，一想到「很快會有自己的房子」就開心不已，然後幸福地沉入夢鄉。當然，她最後實現了這件事，幾年後就擁有和夢想完全一樣的房子。

強烈的意念會影響夢想的實現，其強度則取決於想像所帶來的那份「快感」。

✣

史蒂芬．柯維（Stephen R. Covey）在自己的暢銷著作《與成功有約》（*The 7 Habits of Highly Effective People*）中，曾提過想像力的重要性。

「所有的事物都會經過兩次創造：一次在自己的腦子裡，一次在現實裡。」

✣

從桌子、文具、電燈，甚至到房子，我們身邊所有的東西，其實一開始都只是某個人腦子裡的想像而已。

那些製造者透過具體的想像，堅信自己一定能成功，最後真的將那些想像化為現實。

每個有所成就的人，在夢想真正實現之前，早已經在腦子裡想像過無數次的成功了，無一例外。他們不斷幻想自己成功的模樣，自然會朝著那個方向行動並前進。

「如果是真的，那該有多好啊！」那種專屬人類的「感受」，不但會讓人心動，更能讓人得到救贖。

然而，即使早先非常具體地想像了那些讓自己心動的事，不久後，我們還是會踩下內心的剎車，告訴自己「還是不可能吧」、「等以後再說」。

因此，雖然「立刻行動」很重要，但行動當前還是要對夢想有具體的想像，對自己能達成夢想深信不疑，堅持不懈地在腦中描繪成功的模樣。

如果覺得自己快要忘記那些心動的事情了，可以像大考前的考生那樣將目標貼在牆上，或者寫在備忘錄的最上方。讓自己每次在準備工作時都能看到，加強意念與習慣。

這個動作非常簡單，誰都能做到，效果卻不容小覷。

它能讓我們更清楚地了解，自己有多重視這個夢想。

15・從最為重要的事情開始

人生，是由各種優先事項所組成的。

比如從小就夢想「精通外語，環遊世界」的人，會把大部分的時間花在學習外語、尋找相關工作，以及蒐集世界各國資訊等事情上。

到了後來，可能就完全適應了那樣的生活。

夢想「賺很多錢」的人，比起玩樂，一定會以工作為優先；總是「將家人視為珍寶」的人，絕對會優先確保與家人相處的時間。

當然，也有些人不偏向任何一方，對工作、家人及玩樂都同樣重視，也因此得到額外的加乘效果。

釐清自己「現在想優先完成的事項」，
當這種方式變成我們的生活重心，
時間就會變得更充裕，也更懂得如何斷捨離。

無論每個人的口中是如何評價自己，他們當下所呈現出來的模樣，其實都意外地真實。

之前對哪些事物最為關注和重視，花費了多少時間精力，全部一目了然。因此，如果「認真看待自己所重視的事物」，就不會待在原地空想，而會不斷地行動，以累積成果。

✣

不過，要小心弄錯重要事物的優先順序——明知道什麼事最重要，卻還是優先去做其他的事。

為什麼「明知道很重要卻不去做」，是因為我們覺得「沒有必要現在馬上做」。既然沒有必要馬上做，自然就會往後拖延，犧牲掉人生的重要事物，把時間浪費在眼前的小事。

最常見的例子就是「健康」，它可以說是人生最重要的事情之一，如果平時不刻意注重健康，一到假日就容易暴飲暴食，一整天不動彈，只懶散地坐在那裡看電視。再加上每天生活相當忙碌，根本不會記得去做健康檢查……這就是常態。

✣

另外，還要小心「原本的優先順序在無意識中被打亂」。

例如，原本是抱著「想做這樣的工作」、「想成為這樣的人」的夢想開始工作，結果在不知不覺中，被人際關係消耗掉所有的熱情；或者是擁有了金錢之後，開始渴望「過更好的生活」、「有更多時間玩樂」，最後迷失了自己。

因為無意識地打亂了原本的優先順序，自然會覺得「工作狀況不順利」。

如果總感覺「夢想難以實現」，可以回頭審視自己每天在什麼事情上花最多時間。

說不定原本的優先順序已經在不知不覺中被打亂了，自己的時間、精力還有金錢，都被不重要的事情給占去。

我們身邊讓人分心的狀況多不勝數，一不小心就會蓋過內心真正的聲音，讓不重要的事占據心頭。

不想弄錯優先順序，首先要「釐清自己心中的優先事項」。

不用在意世間的價值或旁人的眼光，依自己的感受及價值觀，去決定什麼才是最重要的事。

不一定要是某個夢想或目標，比如有些人的第一順位就是「不管別人怎麼說，衝浪還是最重要」、「不談戀愛就活不下去」、「工作就是為了能去旅行」等等。

只要不給別人添麻煩，又做好了承擔責任的準備，想以什麼為優先都沒問題。

✣

最好先將重要的事項篩選在五個以內，再來決定優先順序，斷捨離也是一種勇氣。

我們可以得到很多想要的東西，卻很難一次全部拿到手。就像「想去留學」、「想要開店」、「想要結婚」很難同時進行，幾乎不可能同時實現。

現在優先的事物，不一定「一輩子都優先」，可以只是「現在優先」。將精力集中在當下，等到眼前的目標完成，再進到下個階段即可。

✣

要確保優先事項能真正執行，就要將優先順序隨時刻在腦子裡，變成「例行公事」。

對自己來說重要的事，最好立刻定好時間。

不這麼做，就會變成「以後再說吧」、「等我有空再做」，時間全浪費在生活瑣事上。

事先定好時間，例如「星期六陪伴家人，星期天則做自己喜歡的事」、「每週運動兩晚以維持健康」、「利用通勤時間讀書，考取證照」，這樣才能確實執行。

這麼做的同時，也能讓自己減少加班，或者拒絕掉不太重要的邀約，降低分心的機會。

重點是釐清自己「現在想優先完成的事項」，再依序進行。

當這種方式變成我們的生活重心，時間就會變得更充裕，也更懂得如何斷捨離。

✣

你的一天二十四小時，都被什麼事情占據呢？

用「真心想實現的夢想」、「想達成的目標」填滿時間，你所期待的未來就會一步步地靠近。

將時間及精力花在對自己來說更重要的事情上吧！其他的事，可以暫時先放下。

16．從接受「自己是普通人」開始

因為出書的關係，常有人對我說「真羨慕你這麼有才能」，但是我其實一點才能都沒有，即使是現在，我也不覺得自己比別人優秀。

我只是盡全力實現了自己的夢想，為了走向目標，投入了更多的時間。光是說「人有無限的可能」，或是幻想「自己注定會成功」，都不能實現夢想。

看看歷史上被稱為「天才」的人，他們所創造出來的成就，往往讓人自愧不如。然而，追求夢想並不是「有才能的人」的專利，即使是像我們這樣的「普通人」，也有「自己能做的事」。

客觀地看待自己，
思考「這樣的自己，如何才能成功」，
然後盡力找到最適合自己的方法。

我甚至覺得，就因為是普通人，才更能堅持不懈。

因為不像天才，做什麼都輕而易舉；所以會不斷思考、行動，讓熱情不至冷卻。

✣

想像未來的同時，也要思考「眼前的現實」。

正視現實，夢想才能開始。

據說某位知名漫畫家很早就認清自己「缺乏繪畫的表現力」，如果直接投稿漫畫雜誌連載，肯定會一敗塗地，於是跑去成人雜誌畫插畫磨鍊自己。

結果其獨特的畫風，還有親身上陣的體驗報導獲得了很大的迴響，現在不但已經出書，還得到了許多雜誌的連載。

還有一家房仲公司的女店長，她知道「憑自己單薄的業務能力及人脈，不可能贏過大公司」，所以將客戶完全鎖定在女性身上，反而因此引發話題，讓公司業績蒸蒸日上。

不管是誰，只要懂得善用自己擁有的東西，付出相應的時間與精力，都能獲得不輸給任何人的力量。

✣

普通人想要獲得力量，最好的方式就是「以自己能力所及，為他人做出貢獻」。不需要與很多人競爭，而是在一個默默無聞的位子上，專注認真地做好自己能做的事。

所以，我才會一直堅持「非做自己想做的事不可」。

唯有這樣，才能獲得力量。

勉強自己去做不願意或者做不到的事，等於是自掘墳墓，還奪走了實現夢想的寶貴時間。

除非能夠承認自己的無知，不懂就提問，做不到就尋求幫助，才有成功的機會。

同時也要努力「維護周遭環境」、「與感覺舒服的人往來」。

如果不這麼做，就會被各種瑣事及壓力弄得分身乏術，讓身為普通人的自己無法發揮全力。這是我的親身體驗。

但是，這並不是說要嚴苛地要求自己。

人本來就好逸惡勞，喜歡偷懶玩樂，所以更需要將力量集中在重要的事情上，才能更有效率。

實現自己的夢想，需要足夠的熱情與冷靜的眼光。客觀地看待自己，思考「這樣的自己，如何才能成功」，然後盡力找到最適合自己的方法。

17. 比「凡事都要堅持」更重要的，是「為了什麼而堅持」

所有人都知道堅持很重要，但是，每次聽到「只要堅持下去就一定會有成果」、「凡事貴在堅持，做事一定要有始有終」，就總覺得哪裡不對勁。

這裡要再次重申，當人真正想做一件事，無論再艱苦都能堅持下去；不是真心想做，那麼再逼迫自己或想盡辦法，最終也難以持續。

即使因為慣性而繼續，也只是機械性地完成，既無法成長，也得不到任何成果。

堅持不僅能帶來「力量」，還能帶來「信任」。
因你所做的事感到開心、需要你的人，也會出現。

比「凡事都要堅持」更重要的，是「為了什麼而堅持」。

堅持或得到結果並不是人生的目的，人生的目的是為了滿足自己，堅持不過是其中的一個手段。

✣

想找到「可以堅持的東西」，光是在腦中思考沒有用，要實際多方嘗試，親自去感受什麼才是「自己想堅持的事」。

「做起來很快樂」、「能讓別人開心」，那種情緒回饋能讓人隱約看見堅持背後的希望之光。即使前路不明，仍然願意繼續前行。

✣

過去的我，不管是工作或興趣都無法長久，

只有「寫作」這件事讓我堅持了二十年以上，最主要的原因就是不管怎麼做，我都覺得不夠。

我永遠覺得「不夠完美」，腦子裡不斷想著怎麼寫出「更好的東西」，於是堅持不懈地寫作。

說實話，「快樂」的時刻並不多，有時候還會想：「這麼辛苦，是為了什麼？」但是堅持下來之後，突然就會看見希望的曙光，覺得自己「說不定可以成功」，然後不顧一切地朝那方向奔去。這時，快樂也好，喜歡也好，都不再重要，支持自己的只是「我想這麼做」的熱情。

還有對於「到達那裡之後，一定能看到前所未見的景色」的堅信。

堅持，其實就是「希望」的另一種說法。

✣

另一個讓我堅持下來的理由，是周遭的人給予的強力支持。全心追逐夢想時，莫名地就會有很各種人願意出手相助。

因你所做的事感到開心、需要你的人，也會出現。

「有人會出手相助」、「有人會因此開心」、「有人需要自己」，這些全都代表「自己做的事是正確的，繼續下去吧」。

我們不必在意他人的評價或是眼光，但是獲得別人的支持，也能成為我們堅持下去的力量。

擁有這麼一件能夠堅持下去的事，會讓人活得更容易。

堅持不僅能帶來「力量」，還能帶來「信任」。

一是對自己的信任，「之前都撐過來了，之後也一定能堅持下去」；二是旁人對自己的信任，「如果是你，一定可以」。我們不用再去尋求別人的信任，「堅持」本身就是最好的證明。

找到一個就算痛苦也願意持續去做的夢想，找到自己的希望，接受他人的助力，就是能堅持下去的祕訣。

Chapter 4

你具備往前踏出「一步」的能力

再龐大的工作，都是由一個個的小任務所組成。
一個動作會引起連鎖反應，觸發下一個動作。
就像是推倒一張骨牌，整個牌組的方向就改變了。

18.「花五分鐘做小事」，啟動幹勁

「只要拿出幹勁，就一定能成功！」這是人在追尋目標時，最常聽到的一段話。

「提不起勁。」

有些人會把自己的不作為歸咎於「沒有幹勁」。

一般認為，幹勁是提升行動的重要因素。還有不少人是精神論的提倡者，認為成功需要「拿出幹勁」、「保持正面心態」。

於是，有人嘗試制定行程表或重新審視目標，用各種方法鼓動、激發自己的幹勁，卻始終沒有效果。

不能只是逼迫自己「快點去做」，
而是要讓自己願意主動地合作。
將目標門檻降到最低，
讓自己先完成「最低標準」就好。

這裡有一個非常重要的前提，那就是——「幹勁必須靠行動來引發」的這個機制。

只是在那裡乾等，幹勁永遠不會憑空出現，一定要記得這點。

我們所認知的幹勁，來自於大腦的多巴胺（dopamine）、去甲腎上腺素（norepinephrine）和血清素（serotonin）等物質，每當人類開始活動，它們也會跟著活躍起來。

就像是每個人應該都有過「事情開始前很不甘願，開始後卻愈做愈開心」的經驗。

所以，如果提不起勁，最快的方式就是馬上

起身活動手腳。

遲遲無法打開電腦、開始工作的人，可以坐到桌子前，按下開機鍵，率先做出一些動作，這樣情緒會跟著切換，思考也會開始運轉。也就是先「行動」，再讓「情緒」、「思考」跟著接上。

想快速啟動幹勁，就先從「小事」開始，只要「五分鐘」就好。

總之，就是要先「動」，這點非常重要。

只要動起來，原本隱藏在內心的「畏懼」，對工作的「厭煩」還有「抗拒」就會立刻消失。一個動作會引起連鎖反應，觸發下一個動作。

就像是推倒一張骨牌，整個牌組的方向就改變了。

✣

至於這件「小事」，可以選擇「喜歡」或「容易做到」的事，效果一樣好。

或者是將目標門檻降到最低，讓自己先完成「最低標準」就好。

達到最低標準之後還要不要再繼續，也是自己決定就好。

不過，大部分的人在達到最低標準之後，都會產生「不然，再多做一點點好了」的動力。

✣

再龐大的工作，都是由一個個的小任務所組成。

以大掃除為例，這是一個光想到就會讓人退卻的工作。這個時候，可以讓自己花五分鐘去整理櫥櫃的最上方。

設定五分鐘倒數，好，開始。

做著做著，就會開始想整理廚櫃裡面的東西。接下來，很可能就會延長時間，將五分鐘改成「三十分鐘」。不知不覺中，整個櫥櫃就被整理得煥然一新，這時你心裡一定會這麼想。

「啊，真是太爽快了！」

✣

當這種愉快的心情累積得愈多，往後就不再需要「花五分鐘做小事」，而能不加思索地立即行動。

想要產生幹勁，不能只是逼迫自己「快點去做」，而是要讓自己願意主動地合作。

所以，請溫柔地安撫自己。

「要不要試著做一點看看？」

現在就去推倒能改變一切的骨牌吧！

19. 「行動」的理由可以是正面，也可以是負面

在商業界，常有機會遇到讓人感嘆「這個人的處事真是大膽果決啊」、「這個人的成果也太驚人了吧」的傑出人才。

這些人其實與一般人差不多，既沒有超乎常人的才能，個性也不總是正面積極、開朗樂觀。

在過去，他們大部分都對自己沒有自信，對未來也沒有夢想，整天被忙碌的生活追得團團轉。

「我只是不想就這樣過完人生……」

「我再也不想過著債務纏身的日子。」
「沒有人肯定我，所以我就努力去爭取。」
他們採取行動的原因，大多源於這些負面的理由。
過去的痛苦變成了契機，讓他們的人生得以逆轉勝。
當一個人被逼到絕境，發現「無路可退，再不做出改變就要完蛋」，或者人生極盡缺乏到快要崩塌時，都會發揮出令人不敢置信的驚人力量。

✣

人會採取行動，只有兩個理由。
一是「追求『快感』」。
二是「逃離『不快』」。
差別在於一個是追求快樂及喜悅，一個是逃避恐懼及痛苦。
那麼，哪一邊的行動力更高呢？
舉例來說，一個是「想享用美食的人」，一個是「再不進食就要死掉的

危機感會在背後時刻警惕我們，
催促著「不繼續往前走的話，就會失去很多東西哦」，
讓我們繼續堅持下去。

人」；一個是「想賺更多錢過奢侈生活的人」，一個是「再不還債就要活不下去的人」；一個是「想拓展工作領域特地去考證照的人」，另一個是「沒考到證照就要失業的人」……

怎麼看也是「再下去就要完蛋」的人，行動力更強。

比起「得到什麼」，「快要失去」所激發的行動，其能量更為巨大。

不快的情緒，絕對不是負面的東西。

✣

總是暗自煩惱、遲遲無法拿出行動的人，與其思考「自己想怎麼做」，不如思考「自己不想怎麼做」會更有效果。

「危機感」有時會讓人產生戲劇性的變化。

「危機感」同樣也能夠作為引發行動的動機，以及支撐我們繼續堅持下去的力量。

藝術家或小說家更是經常透過無法遏制的飢餓感去撞擊出靈感的火花，催生驚人的作品。

✣

只是，危機感所引發的動機雖然具有瞬間爆發力，卻會讓人飽受折磨。

就像是必須一直在滿是荊棘的道路上全力奔跑，背負著「一旦停下來就會萬劫不復」的恐懼，每天都活在各種危機意識當中。

所以，還是等到必須「破釜沉舟」的時候再用會比較好。

特別是盡量不要在生活中逼迫自己，然後盡可能朝向光明面走去，這樣會過得更開心。

✣

就像前面提過的那些「富有行動力的人」，他們雖然一開始是因為「不想再這樣下去」的負面動機才產生改變，但是當他們採取行動之後，就愈來愈能從中感受到成就感和樂趣，最後變為積極正向的動機。

那些人當中，也有人一開始只是「單純想試試看」、「看起來好像很有趣」，最後卻獲得了驚人的成果。

他們天生就具有不服輸的一面，更是討厭「輸給自己」、「做事半途而廢」，所以能堅持下去。

開始的動機有「正面」，也有「負面」，它們就像是一體兩面。比如一個人慢跑或健走，原因不只是「為了保持健康」，應該也有「害怕運動不足而變得不健康」或是「擔心肌力衰退」等原因。

工作也一樣，除了可以「得到成就感」，想必也混雜著不少「害怕沒有收入而陷入困境」的恐懼吧！

想要不停地往前走，除了需要「想要這麼做」、「能得到好的回饋」這樣光明的目標，同時也必須抱著些許危機感。一旦發生什麼事，或中途變得懶散，這份危機感會在背後時刻警惕我們，催促著「不繼續往前走的話，就會失去很多東西哦」，讓我們繼續堅持下去。

20. 為了「想做的事」，也得做「不想做的事」

雖然我們盡可能希望自己只做「想做的事」就能活下去，但是身邊還是有許多「應該要做的事」。除了工作之外，還有瑣碎的家事、帳單通知、把衣服送去乾洗、回電子郵件、人情的禮尚往來、訂購電腦所需要的備品……

基本上，無論是「想做」或是「不想做」，都應該乾淨俐落地迅速解決掉，但人的喜好真的很誠實。

「應該做的事」很快就變成「不想做的事」，擋在前方不讓我們前進，先把它放在一邊不加理會，最後就會堆積成山。

這麼一來，又會讓自己更不想做……

想要盡快解決掉「應該做的事」，需要問自己一個問題。

「我想做這件事嗎？還是完全不想？如果不想做，那就不要做。」

也就是把做不做的決定權交給自己。這麼一來，會發生什麼事呢？

「其實還是想做……」

大部分「應該做的事」，經過仔細思考後，都是自己「想做的事」。

舉例來說，為什麼需要處理工作的文件？當然是因為自己喜歡這份工作，所以是「想做的事」。同樣地，人情的禮尚往來，是希望對方開心；把衣服送去乾洗，是想要穿著乾淨的衣服出門……

最後我們會發現，「應該做的事」的另外一面，就是自己「想做的事」。

所以，為了做「想做的事」，當然就必須去做「應該做的事」。

說實在的，我們每天的生活中，其實並沒有那麼多「不得不做」或「不做就會死」的事。

與其一直被討厭的事情追著跑，
還不如自己主動上前，快速解決掉，
這樣反而更為輕鬆。

因此，我們必須要拿回「自己想做才去做」的自主權。

✣

我有一個朋友，當他必須同時處理「討厭的工作」和「喜歡的工作」時，他一定會選「先解決掉討厭的工作」。

「把討厭的工作先解決掉，之後就輕鬆了。不然它只會一直讓人覺得礙眼，對自己的精神健康也不好。喜歡的工作就留在後面當作獎勵！而且，原本覺得討厭的工作，只要開始進行了，就會發現其實好像也沒那麼討厭。」

與其一直被討厭的事情追著跑，還不如自己主動上前，快速解決掉，這樣反而更為輕鬆。

還有另外一個朋友，當他需要處理比較累人的工作時，就會和「快樂的事情」相互搭配。

像是他會說：「等這個工作結束，就來去泡溫泉吧！」

想到處理完累人的工作之後就有好事等著自己，會讓人覺得更有動力。

完成辛苦的任務之後，更能享受接下來的放鬆。

其實，每個人平常都習慣這樣處理事情。

一想到「今天終於可以約會了」、「週末已經決定好要去旅行」，此刻就能繼續努力下去。

像這樣將「不想做的事」與「想做的事」相互搭配，便能激發自己積極面對的可能性。

✣

但是，如果沒有「想做的事」可以搭配，只有「不想做的事」需要處理呢？這裡推薦一個方法。

那就是盡可能沉下心、認真仔細地去處理眼前的事。

例如，現在需要寫一份傳真文件。

首先，將需要的文件整齊地擺放在自己的桌子上，告訴自己「既然要寫就好好寫」，然後一筆一畫地認真寫每一個字，這麼一來，原本「不想做」的心情就會不知不覺地消失。

站在傳真機旁邊隨便寫兩下就傳回去，這種冷冰冰的態度改變不了「不想做」的心情。

認真仔細地處理每一件事，可以讓自己的心更充實，並正向前進。

✣

只要改變一下思考及行動的方式，就能讓消極的心態變得更加積極。

說到底，那些「消極的心態」，其實也是我們創造出來的幻象。

既然是幻象，只要一動，就能讓它們消散在空氣中。

21. 一旦猶豫到底「要不要做」，就選擇「直接去做」

在你今後的人生，想必還是會有很多時候，需要煩惱「要不要去做」自己想做的事。

這時，乾脆不要煩惱，直接選擇去「做」吧！

對你來說，選擇去「做」，絕對比選擇「不做」要好。

如果真的想得到自己期望的東西，就需要在「現在」、「這裡」，做出對人生最好的選擇。選擇「不做」，便什麼都無法開始。

選擇「不做」，便什麼都無法開始。
只要有想做的事，就試著再往前走「一步」。

經常會有人來找我，表達「自己也想寫一本書呢」。他們來詢問我的意見，我很高興，就算只是這樣，他們也已經採取了積極的行動。

只不過，每當我詢問對方：「想寫什麼樣的書？」他們通常都會回答「我也不太清楚」或「什麼書都可以」。

當然也有些人目標十分明確，比如想寫一本「幫助女性維持工作與婚姻平衡」之類的書。

而我更進一步地詢問：「那麼，現在寫了哪些內容呢？」他們絕大多數都會說：「還沒開始動筆，畢竟也不知道自己能不能出書。」

說的也是，這可以理解。

然而，在大部分的情況下，如果沒有實際寫出一些東西，其實很難有出書的機會。因此，像是先寫出目錄、在部落格上發表文章、寫企畫書徵詢身邊朋友的意見等等，這種最開始的「第一步」非常重要。

至少，這些內容可以幫助旁人理解你的想法。

當然，如果你所做的事「有趣」到別人對你極為好奇，不用寫些什麼，也會有出版社主動來接觸你。

還有一個看起來像是繞了遠路的方法，就是專注於眼前的工作，努力讓自己成為眾所矚目的人。

總而言之，只要有想做的事，就試著再往前走「一步」。

✣

前陣子，我有機會拜訪一位非常厲害的女性編輯，她曾經將一位九〇年代無名女詩人的詩集做成了熱賣數百萬本的暢銷書。當時，她向我分享了那本暢銷書誕生的祕辛。

「一開始，我是在報紙的投稿欄上讀到了她的詩，那首詩很短，卻深深地打動了我。我立刻就去聯繫了她，請她一定要讓我出書。」

那本詩集鼓勵了非常多的人，最後還拍成了電影。

一本讓無數人感動的作品，源於這位九〇年代女性踏出的第一步——寫下自己的詩。當然，她應該做夢也沒想到，有一天她竟然會有「自己的書」。

✣

如果猶豫到底「要不要做」，就先試著跨出一小步吧！

有人交付工作或任務給自己，試著回答「我願意」。

煩惱該不該和對方打招呼，就直接上前說話。

對什麼事感興趣，就努力多去了解……

不要擔心「可能會不順利」，連做都還沒開始做，根本不會知道結果。

✣

只要願意向前踏出一步，一定能夠獲得某些東西。

過去那些勇敢的「實驗」造就了你，也造就了你現在的人生。

當你猶豫到底「要不要做」時，就代表你一定做得到。就當作是一個實驗，大膽地選擇去「做」吧！

22・維護周遭環境

那些清楚優先順序、能立即採取行動的人，特徵之一就是將周遭環境打理得非常妥善。

乍看之下好像與採取行動沒有關係，但是良好的環境，能減輕心靈和身體的負擔。為了把重心放在重要的事情上，「維護周遭環境」是很重要的關鍵。

✣

我有個朋友是十分活躍的料理研究家，她就是一位懂得簡單思考和迅速行動的專家。

她最喜歡的狀態就是「大腦盡量保持淨空」，所以總是心平氣和，工作空間，代表那個人腦中的狀態。
如果能做好所有東西的管理，就能摒棄多餘的雜念，
把注意力集中在「想做的事情」上。

表現也非常好。不僅如此，她的家裡也整理得非常乾淨，身邊包圍著喜愛的東西，所以待起來十分舒適。

她的座右銘是：「絕不浪費時間整理。」

包裹、郵件或買回來的東西，所有從外面帶回來的物品一定馬上處理。

家事或打掃等例行公事，會在固定的時間，以固定的標準進行。

郵件的確認及回覆，一天一次。

她是如何養成這種極簡的生活習慣？思考過後，她說可能是受到之前一起生活的爺爺的影響。

爺爺的習慣非常簡單。

就是「東西從哪裡拿出來，就放回哪裡」。

這麼一來，房間裡面隨時都能保持乾淨整齊，不用經常尋找，也不會忘東忘西。

✣

我們總是把「維護周遭環境」這件事想得太過複雜。

明明只要記得把東西放回原來的地方，誰都能簡單做到，卻因為怕麻煩而隨處亂放，結果反而消耗了更多心靈和身體的能量。

現實裡，很多人的確在找東西上浪費了很多時間。

每次「找不到東西」，心情就會變得很煩躁、無法平靜、沒有心思做其他的事情。

空間，代表那個人腦中的狀態。

家裡雜亂無章的人，腦中的狀態也十分混亂，思緒難以清晰；而做不到斷捨離的人，則是無法判斷自己「要」或「不要」，只能丟在一邊不去處理。

或是，看到桌上堆積如山的文件資料，只想大喊：「這要從哪裡開始動手啊——」

雜亂的事物會引開目光、分散注意力，讓人難以判斷重要事項的優先順序。如果能做好所有東西的管理，就能摒棄多餘的雜念，把注意力集中在「想做的事情」上。

優秀的職人會每天用心整備好最重要的工具，他們從自身的經驗了解到，「工欲善其事，必先利其器」。

✣

「維護周遭環境」的基本原則，就是「每次只做一件事」、「做的時候認真仔細」以及「有始有終」。

就像「從哪裡拿出來，就放回哪裡」一樣，每件事都能當場結束，這是很重要的步驟。

如果想要完成一個重要的目標，這個方法也同樣有效。

舉例來說，目標是「讀完這本書」，自己卻一直被其他的事物分散注意力，或者中途跑去做其他事，那就永遠也沒辦法讀完這本書。

工作的時候也是，如果做事毫無章法，總是東做一點、西做一點，等到傍晚才發現「今天什麼都沒完成」，想一口氣把堆積的工作做完，又必須花費更多的時間與精力。

急著完成所以敷衍了事，一不小心出錯，很可能又得從頭再來一遍。同時並進、概括處理，看似很有效率，卻經常罔顧效益。

不管做什麼，最好「每次只做一件事」、「做的時候認真仔細」，最後「有始有終」。

✣

擁有美好的環境，就等於擁有美好的內心。

盡量減少讓自己分心的雜事，全心面對眼前的每一項任務吧！

養成隨手整理妥善的好習慣，行動也會變得更加快速有效。

23．休息是為了走更長遠的路

我曾經聽人說過，想要維持長久的慢跑習慣，就要在自己覺得「還能再跑一段」時，也就是達到大約百分八十的階段結束跑步。

的確，如果逼自己「每次都達到體力的極限」，等到下次慢跑，就會出現莫名的抗拒心理。這代表自己已經身心俱疲。

每次都做到極限，會導致「燃燒殆盡症候群」，讓自己無法堅持下去，這是我的親身體驗。

✣

不管做什麼事，都不應該「過度」。

想要「長久持續」地做一件事，偶爾也需要「什麼都不做」。以工作來說，如果因為焦慮而工作過度，會導致注意力下降，表現也會變差。若因此還造成身心疾病，那就本末倒置了。

努力很重要，但休息才能補充能量。休息可以讓我們從客觀的角度觀察自己，察覺之前沒有發現的事。

✣

面對重要的事情，還需要拿捏「距離感」。

靠得太近，會十分痛苦；離得太遠，又無法滿足。

女性經常被迫在「家庭」、「工作」這兩項重要事物當中做出抉擇，受到周遭氛圍的影響，最後不得不放棄其中一個。

男性也很可能總是以工作為優先，結果犧牲掉自己與家人相處的時間。

但是，很多時候只有「兩邊同時存在，才能同時得到快樂」，因為只有這樣才能保持良好的「距離感」。

想要「長久持續」地做一件事，
偶爾也需要「什麼都不做」。
休息可以讓我們從客觀的角度觀察自己，
察覺之前沒有發現的事。

在生活裡長期只做一件事的人，大多更容易糾結於心。雖然不是每件事都如此，但他們會因為無法掌握一些小事的「距離感」，而感到煩悶憂慮。

生命有一個機制，當我們過度將精力傾注於一件事，不只那件事，連帶著其他部分也會發生問題。所以在內心找到「差不多」、「剛剛好」的力度，是很重要的一件事。

不管是工作，或是家庭、玩樂、人生，只要懂得轉換觀點，就可以發現無窮無盡的喜悅以及樂趣。

所以，保持放鬆狀態是很重要的。

所謂「擁有強大的內心」，並不是要鍛鍊出不畏艱難的強韌精神，而是要打造出一個即使遇到困難也能保持適度距離感，並從中發掘出樂趣的「柔軟內心」。

獲取充分的休息，然後繼續前進吧！

Chapter 5

別把時間浪費在「不重要的事情」上

無法去面對重要事物的原因之一，
是我們總在煩惱各種「自己所無法控制的事」。
你真的想把如此龐大的能量浪費在那些事上嗎？

24・絕大部分「應該做的事」，都只是錯覺

我經常有機會和台灣來的留學生聊天。

就讀日本某國立大學工學院的Y同學，就是其中之一。

他住在便宜的學生宿舍，所以日子不算難過，只是好不容易來日本了，他也想和其他同學一樣去聚餐喝酒，也想去旅行。

於是，他向自己的指導教授說「想找機會去超商打工」，結果教授這麼回答他。

「如果你現在跑去超商打工了，這輩子大概就一直是超商店員了吧！」

聽到這句話，Y同學才想起自己當初來留學的目的，之後就全心專注在自己的研究上。

識別出「不需要那麼重視的事」，然後放下吧！
這麼一來，自然就會看見真正應該做的事。

那位教授是為了Y同學著想，才提醒他學生時代最重要的事就是學習。一旦在學業上怠惰了，不但無法獲得期望的研究成果，將來也無法找到想要的工作。

✣

事情發展不順，最主要的原因，就是不那麼重要的事取得了優先權。

你是否也是如此呢？

「想做這個」、「想做那個」，在行事曆上面列出一堆「待辦清單」，把自己弄得焦頭爛額。一天到晚無所事事地看電視，或是滑著網上的影片，和陌生人聊天閒扯，忙著解決眼前無聊的瑣事……

這種時候，你應該對自己說。

「（現在最重要的事情）不是這個吧！」

我們之所以會搞錯優先順序，是把許多不重要的事，誤當成了重要的事。沒那麼重要的事卻十萬火急，只好優先處理；重要的事反而覺得不需要著急，所以往後拖延……

可以再看看自己行事曆上的「待辦清單」，當中有幾項是「不做會很困擾」的事？

大部分的事，就算不做也沒關係。

這些待辦事項，很多都只是來自習慣或者是偏見而已。

事實上，我們只需要做「最低限度的事項」；剩下的事情，等有餘力時再做就可以。

✣

個性愈認真的人，愈覺得「這個必須做」、「那個也必須做」、「自己還能做更多」，結果把自己逼入絕境，失去內心的餘裕。

你是不是也覺得——想實現自己的夢想，就必須「不斷往上增加」應該做的清單？

很抱歉，這種方式是不會成功的。

✣

想要實現夢想，需要為自己現今的狀況做「減法」，而不是「加法」。

識別出「不需要那麼重視的事」，然後放下吧！

這麼一來，自然就會看見真正應該做的事。

打造堅定的自己，並不需要太大的能量。只要放下那些「不用那麼重視的事」就可以了。

✣

不要再把時間花在對人生沒有那麼重要的事上了。

人生雖然很長，但還是有限度。

寶貴的時間，當然要花在寶貴的事情上。

25．為什麼不敢對不願意的事說「不」？

人之所以把時間花在「不那麼重要的事情」上，原因之一就是「無法拒絕」別人的要求或是邀約。

當然，有時候不拒絕並勉力完成要求，會帶來好處。

例如，沒有拒絕額外的工作，努力完成後，換來了更大的專案。

沒有拒絕聚餐，結果學到了別處學不到的人生課程。

但是，這些都是「過去覺得重要的事」。

✣

不敢對不願意的事說「不」，會導致大部分的時間被占據，反而無法完

太在意拒絕所帶來的負面影響，
進而加強了對它的「恐懼」。
說不定，拒絕反而帶來更好的結果。

成真正重要的事。

中途放棄夢想的人都有個特點，那就是「容易受到影響」。

他們大多數都是「溫柔的人」，所以經常把別人的需求放在自己前面。

但是，太為別人著想而犧牲自己，又會得到什麼未來呢？

被他人操控，焦躁煩悶。

無法實現夢想，失去自信。

不能過自己的人生，後悔遺憾。

怪罪別人也怪罪自己……

對於整個人生一點好處都沒有。對工作、朋友、家人或戀人不敢說「不」，也很可能會扭曲雙方的關係。不只是為了自己，就算是為了對方和彼此，也要學會如何拒絕。

在人際關係當中，為別人著想是很重要的事。

所以，我們需要同樣地，不，應該是要更多地為自己著想。

說到底，為什麼我們不敢說「不」呢？

人之所以寧可勉強自己也不去拒絕的原因，很可能來自於「不想給人造成麻煩」、「不想讓別人失望」這種對他人的顧慮，還有就是「害怕被別人討厭」、「害怕別人對自己失望」的自我保護心態。也就是說，我們太在意拒絕所帶來的負面影響，進而加強了對它的「恐懼」。

畢竟，拒絕會讓彼此都不舒服。

「與其拒絕請求，讓大家都不開心，還不如自己忍耐一下，把事情解決掉」，所以最後就接受了。

✣

但是，千萬不要認為「自己甘願」這件事對別人有多重要。你只要拒絕了，他們就會另外去想辦法。

說不定，拒絕反而帶來更好的結果。

曾經有人做過研究，一個人每天腦海裡平均會閃過六萬個念頭，所以即使有人一天想到你十次，以整體的次數來說也少得可憐。

當你發現讓自己「害怕」的後果只是一種錯覺，應該就會勇敢說「不」了。

✣

一個人如果總是被外在的各種狀況影響，就代表他的內心缺乏某種重要的東西。

敢毫不猶豫地說出「不要」的人，其內心當中，必定隱藏著一個重要的「想要」。

當心裡明確地有件「想做的事」，對於與它無關的東西，就勇敢地直接說「不要」來做出切割。

如果你的個性比較軟弱，怎麼都說不出口，這裡有三個能輕鬆拒絕的訣竅。

一是簡單、明快地告訴對方：「『這次』沒辦法耶。」

就算下次再拒絕，還是可以這麼說。某些對象可能需要你給出一個合理的拒絕理由，但大部分的時候其實都不需要。

二是如果對方非常強勢及執著，可以用「如果……的話，就沒問題了」的方式，提出（對方無法辦到的）條件假裝妥協，這樣會更容易拒絕。

三是直接表達歉意，向對方說：「不好意思，可能不太行呢。」不需要太有罪惡感，也不用放在心上，之後若無其事地改變話題就好。

如果還有人繼續糾纏，可以不用理他。

你最應該重視的，是願意把你重視的東西放在心上的人。

26．不需要與他人比較或競爭

最近，我開始覺得活得很自在。

其實從二十歲到三十多歲左右，我一直覺得自己「活得很痛苦」。

這種「活得痛苦」的原因之一，是我一直拿別人和自己比較。

我才工作半年就離開了畢業後的第一家公司，雖然嘴上說著「還是快樂的工作最重要」，卻還是對不停換工作這件事感到自卑。

甚至曾因為很久不見的朋友直率地問了一句：「現在在做什麼事呢？感覺你的工作老是變來變去……」而感到很受傷。

在二十歲到三十歲初期，我看到朋友一個個結婚生子，在職場也升到相應的位置，即使告訴自己「別人是別人，自己是自己」，還是有種被世界拋在後面的感覺。

別人會怎麼看我？

會不會覺得我很奇怪？

我現在真的沒問題嗎？

我用了很多的時間去迷惘和煩惱這些事，如今想來，或許就是那一段「迷航的人生」，才讓我有機會寫出這本書。

✣

當我不再只是在表面上逞強，而是能發自內心覺得「不管怎樣都是自己的人生，我要照自己的意願活著」，我就接受了全部的自己，也清楚地知道什麼是「想做的事」和「沒必要做的事」。然後，整個人就輕鬆了。

寫第一本書時，我讀了許多其他作者的書，雖然心裡會感嘆「真是知識淵博」或「使用的詞彙好高深」，我卻不會想與他們一樣。

從某個意義來說，
人本來就會藉由與他人比較來確認自己的存在。
但是，不需要因此忐忑不安。

我很清楚自己「沒有淵博的知識，也寫不出高深的文字」，但是「之前多次換工作的經驗讓我學到很多東西，我一定能寫出一本書幫助在工作中遭遇困境的人」，所以只集中心力在這點之上。

到台灣留學的時候也一樣，雖然心裡很佩服能夠把中文說得十分流利的留學生夥伴，覺得他們「很厲害」，但我還是沒有拚命地去學中文。因為在研究所裡，我有更重要的研究要做。

✣

我並不覺得與他人比較是不好的事。

從某個意義來說，人本來就會藉由與他人比較來確認自己的存在。

從小開始，我們就一直活在與他人的比較之

中。處在資本主義的世界裡，與他人比較已經變成司空見慣的事，我們甚至都忘了自己正在與他人比較。

有人以「成為全國第一的超級業務」為努力目標，有的則是公司同事相互競爭，討論誰的能力比較強，這個工作交給誰做比較好等等。

比較或是被比較，也許正是活在這個社會的宿命。

但是，不需要因此忐忑不安。

我們被拿出來比較的，不過是極小的一部分而已。

還有，只以自我的標準評斷別人，批評「現在的年輕人真是……」之類的，都是存在強烈偏見的人。凡事都用「優劣」、「勝敗」來評價，只能說世界觀太過狹窄。

「與他人比較」是用來讓自己更好的工具，而不是讓自己被它控制。

活著這件事，就是與更廣闊的世界互相對話。

想活出自己的人生，就不要過度在乎與他人的比較和競爭，更不需要藉由與他人比較的結果和評價，來決定自己的價值。

不需要眼紅他人的東西，覺得自己也應該擁有。

用自己的步調，走在自己的道路上，就一定能發光發熱。

✣

你的眼光應該放在自己的內在。

最需要關心的是「自己想在人生當中實現什麼」，然後更努力地去提升能力。我們的戰鬥與他人無關，是為了讓我們能活得更像自己。

27．直接放下「自己無法控制的事」

「上司不認同我的表現。」有位女性難過地說。

看到她這麼煩惱，可以想像她和朋友抱怨過，回到家應該也不停地想著這件事，然後焦躁不安、煩悶憂鬱。

我這麼回答她。

「那不是你該煩惱的，而且煩惱了也沒用。」

對方不願意肯定自己，那是對方的問題，我們什麼也不能做。

實在很在乎這件事，或是覺得只有自己沒受到肯定，那就先想想「為什麼自己不被對方認同」。

試著從無法改變的「他人」、「過往」當中，
找到至少一件「好事」或「讓自己慶幸的事」，
會更容易放下過去，往前邁進。

如果是自己的工作表現出現偏差，就去修正。

如果「我的表現沒有問題，是上司單方面不喜歡我」，表示自己也可能對上司擺出了排斥的態度，那就去修正。

如果不被認同的原因，是出於上司本身的個性及價值觀，那麼想再多也沒有用。

現在去改變他的個性太遲了，而且根本沒有必要。

那就只能不加理會。

並且，「做好自己現在能做的事」就好。

無法去面對重要事物的原因之一，是我們總在煩惱各種「自己所無法控制的事」。

比如偷懶的同事。

公司讓人無法接受的方針。

前男友惡劣的背叛。

朋友嚴苛地批評自己……

這些明明都是「無法控制、無法改變」的事，卻穩穩地占據了我們心中重要的位置。

為了傾吐、排解這些壓力，我們不只可能浪費寶貴的時間及能量，還可能花費一堆沒有必要的金錢。

更不用說，做這些事完全無法帶來進步。

你真的想把如此龐大的能量浪費在那些事上嗎？

✣

接著，來思考一下「無法控制的事」和「可以控制的事」。

「無法控制（改變）」的，是「他人的事」，是「過去的事」。

「可以控制（改變）」的，是「自己的事」，是「現在的事」。

花再多時間去煩惱「無法改變的事」，也只是白白消耗能量。努力讓自己「忘卻」，或是「找到自己能夠接受的解釋」，然後繼續往前走吧！

一直後悔「早知道就不那麼做了」，並且為過去的事煩惱痛苦，也無法回到過去。

還不如乾脆地「當作學到一課」，努力地活在「當下」。

試著從無法改變的「他人」、「過往」當中，找到至少一件「好事」或「讓自己慶幸的事」，會更容易放下過去，往前邁進。

「雖然他那樣對我，但也確實幫助過我。」

「因為之前發生了那種事，才造就了現在的我。」

無法控制的「他人」和「過去」，如果從正面的角度去解釋，可以成為讓我們活在當下的「養分」。那就不客氣地拿來多加利用吧！

28．時時重新審視目標

將目光集中在當下是很重要的事。

但是，要注意別混淆了自己的「手段」和「目的」。

只把目光放在眼前的小事，會看不到整體的願景，所以一定要小心。

想完成重要的夢想，就必須直視著最終目標，毫不猶豫地向前邁進。

✣

就像是準備考試時，把大量的精力花在影印資料、把筆記本裝飾得很精美，然後就覺得自己為考試做了很多事。一定有人有過這樣的經驗。

的確，自己花了很多力氣在準備考試，但是那些行為對於「在考試中取得好成績」這個目標，似乎沒有太大的幫助。

「決定了就堅持到底」確實令人欽佩，
但是如果感覺到「好像哪裡不對」，
只要靈活地改變自己的手段或方法就好。

這就是太側重「手段」，導致忘了目標是什麼。

在工作上，我們也經常會把「手段」和「目的」搞混。

舉例來說，我們在快餐店等地方經常看到只會照章行事的員工，完全沒有笑容，讓上門的顧客覺得很有距離感。

原本公司訂定的「員工訓練守則」是為了「提供好的服務」而採取的手段，在這裡卻變成了最終目的，導致整個結果本末倒置。

在實現夢想的途中，我們經常會不小心走錯路。

好比脫離了原來路線。

走到不同的方向。

忘記了最初想去的目的地……

只有一個方法能夠預防，那就是絕對不要把眼光從最開始「想要實現的夢想」移開。

「莫忘初心」，回到一開始的出發點，我們的想法就會帶我們走向最好的道路。

✣

我有個朋友是單親媽媽，為了讀國中、高中的三個兒子，她決定「一定要親手做早餐、便當和晚餐」。

但是，每天急著上下班，回來還要親手做三餐，實在是很大的負擔。她變得愈來愈焦躁，表情也愈來愈陰鬱，到最後吃飯時完全沒有人敢說話……

某天，她突然發現「這樣對孩子根本就不好」，於是提議：「今天去外面吃飯吧！」結果孩子們高興地歡呼。

「早上媽媽要忙著準備工作，以後你們可以自己準備早餐和便當嗎？之後的收拾整理也是。」沒想到孩子們都很乾脆地說「好」。

之後，他們會一起在廚房裡準備三餐，聊天的時間也變多了，大家重新恢復了笑容。

我的朋友因為孩子成了單親家庭而感到愧疚，為了不想給他們造成負擔，所以拚命努力。但是對孩子們來說，最開心的還是看到媽媽的笑容。

✣

可以使用的手段或方法有無限個，但是目標只有一個。

「決定了就堅持到底」確實令人欽佩，但是如果感覺到「好像哪裡不對」，只要靈活地改變自己的手段或方法就好。

這裡的關鍵，是沒有迷失掉最重要的目標。

為了不受到影響，朝著目標堅定地前進，就要時時保持自主性。

不要忘記什麼才是「自己的夢想」和「自己想成為的模樣」。

29. 偶爾試著離開熟悉的環境

我曾經問過一位總是說自己「無法休息」的白領朋友。

「為什麼不能休息呢？」

「我的上司是個工作狂，每次提到休息都會擺臉色。他每天都留到很晚，也從來不請假，弄得我們想回家也不敢回，想休息也不能休息……」

「你的上司除了工作之外，難道都沒有自己的興趣，或是會去做運動什麼的嗎？」

「好像沒有。因為沒事做，所以他連假日都會來公司加班。」

在那個職場裡，光聽都讓人毛骨悚然的狀況竟然成了「正常的事」。

從「客觀的角度」和「俯瞰的高度」去看待自己，
會發現我們的煩惱其實很渺小。

我以前也在一個工作狂社長底下工作過，所以非常感同身受。

當時不僅要工作到深夜，有時甚至還得通宵。

那簡直可以說是「毫無效率的忙碌」，公司花了一大堆時間去做「不那麼重要的事」，還每天連開好幾個小時的午餐會議。明明完全缺乏效率，卻不打算修正……

處在那樣的環境，會讓人對那種狀況麻木，甚至連產生不同的想法都會覺得是自己「不對」。

剛開始，我會覺得「社長都這麼忙了，身為屬下的我直接回家，很不好意思」，所以就陪著加班。直到有天快撐不下去了，我才突然發現——「對啊！社長是個閒不下來的人，所以愈忙愈高興。但我一點都不覺得開心，還是回家吧！」

我還有自己想做的事要做，為了保有這些時間，不管別人怎麼說，我覺得還是要表達自己的態度……

社長一開始會露出「嗯？你要回去了啊」的表情，但我只是微笑地說：「辛苦社長了。」就逕自回家去。久而久之，社長也不再把這當一回事。為了不隨波逐流，我確實地表示出自己的想法。

✣

為了讓自己安心，我們經常會去迎合眼前所處的環境。

像是公司、朋友圈子、小地方……如果被困在這些狹小世界的價值觀或常識裡，就會迷失自己的目標，變得隨波逐流，那實在太可惜了。

當人們因為眼前的事分身乏術，每天都忙得無法喘息，就會失去審視自己的時間，弄不清人生的優先順序，讓內心變得一片荒蕪。

✣

為了不陷入這種景況，每天一定要留下「獨處」時光，就算只有一下子也好。我們需要重整內心的時間。

平常愈是與很多人在一起，好比家人和同事，就愈需要獨處。在完全放鬆的心情下，努力反思，與自己對話。

「唉呀，那件事不去想也沒關係吧？」

「你不是還有更重要的事要做嗎？」

「說真的，你到底想怎麼做？」

如此一來，就能更客觀地看待自己和整體的狀況。也可以讓自己跳脫現在所處的位置。

偶爾遠離現實，去一個不熟悉的地方，或是接觸大自然，也是很重要的。

從「客觀的角度」和「俯瞰的高度」去看待自己，會發現我們的煩惱其實很渺小。

Chapter 6

做自己想做的事，就會產生奇蹟

奇蹟並非違反自然法則，反而是順應自然法則。
將充分的時間以及能量投注到重要的事物上。
這麼一來，你就能得到心裡真正想要的東西。

30. 創造奇蹟的人，會把時間花在想做的事情上

聽到「奇蹟」，你或許會聯想到偶然發生的超自然現象。但是，我們身邊其實經常發生可以稱之為「奇蹟」的事。

「那個人，竟然考上了那麼難考的大學。」

「那個人，竟然變得這麼成功。」

「那個人，竟然和那麼棒的人結婚。」

「那個人，竟然可以做出這麼了不起的事……」

沒錯，因為「那個人」採取了能讓奇蹟發生的行動。

創造奇蹟的人，
都是堅信奇蹟發生，並且不斷往前進的人。
你此刻能做的事只有一項，
即是「現在馬上開始」吧！

即使當中存在著無法說明的偶然，但是如果「那個人」沒有抱著這個夢想，沒有採取必要的行動，就不可能發生那樣的奇蹟。

獲得了重大價值的人，他們的共同點都是「優先對自己想做的事採取行動」。相對於大多數人將自己的力量分散到各個方向，他們只堅信一事，然後將所有的能量全部投注其中。或許就是這種近似信仰的熱情，觸發了某種未知的「運氣」或「幸運」吧！

✣

我曾經在看電視時，被一個「真正的奇蹟」感動到全身發抖。那是一部紀錄片，講述首位在游泳比賽個人項目一百歲至一百零四歲組「全程游完一千五百公尺」，後來還奪得將近三十個世界紀錄的百歲女性的故事。

說是「奇蹟」可能還有點失禮。

那位女性展現的是非同凡響的努力，以及無數的挫折。

不只游泳，她的人生同樣充滿波折。五十三歲時丈夫去世，她為了排遣寂寞，開始學習傳統能樂。

後來因為膝蓋嚴重退化，為了繼續學習能樂，她不得不以八十歲高齡開始以游泳復健。透過自學，歷經各種錯誤後，她在八十五歲創下日本的新紀錄。之後更不斷打破自己的最高紀錄，去海外參加各個世界大賽。

她一直工作到九十四歲，現在仍一個人獨居，每天背著沉重的背包去買東西，親手製作各種營養豐富的料理。

「銀牌有什麼意思，要拿就拿金牌！」她對於自己只能拿到銀牌非常不甘心，個性很不服輸。

因為有「這個人」，有「這樣的過程」，還有不願意輕易依賴他人所鍛鍊出來的體力及力氣等各種「能力」，再挑戰了「力所能及的事」，才締造出「一百歲游完一千五百公尺」這個「世界奇蹟」。

她的目標是「游到一百零五歲」，並以此為重心努力過日子，這份緊張感讓她保持規律的生活，同時擁有健康的身體和心靈。

✣

說實話，挑戰一千五百公尺時，她看起來游得很痛苦，到最後甚至只能勉強前進，但是到達終點後的那個笑容，真是太燦爛了。

人類最大的幸福，或許不是富有、名聲或是享樂，而是能確實感受到自己活著吧！

✣

奇蹟並非違反自然法則，反而是順應自然法則。當中一定存在著某種真理。所以，只要做了該做的事，就會發生奇蹟。

你的人生，也會出現奇蹟。

如果你想實現自己的夢想，就要表現出「未來一定會成功」的姿態，將充分的時間以及能量投注到重要的事物上。這麼一來，你就能得到心裡真正想要的東西。

✣

創造奇蹟的人，都是堅信奇蹟發生，並且不斷往前進的人。
你此刻能做的事只有一項，即是「現在馬上開始」吧！

31．創造奇蹟的人，也相信奇蹟

創造奇蹟的人，都對於奇蹟的發生堅信不移，相信「事情一定會如此」。

大多數的人雖然會想像「如果能這樣的話就太好了」，但往往又會告訴自己「還是不可能」。因為不相信，所以奇蹟不會發生。

在我們覺得「不可能」的那一刻，就被困在「我沒有能力，所以做不到」、「我沒有錢，所以做不到」、「沒有人幫我，所以做不到」等「沒有」的偏見裡。

帶著這種偏見，自然做什麼都不會順利，更加強化了「事情果然和想像得不一樣」、「只有特別的人才能創造奇蹟」等不信任的情緒。

創造奇蹟的人，都抱著「船到橋頭自然直」的信念，然後各方的支援力量就會不斷聚集而來。

可以說，是他們的信心，引發了後續的奇蹟連鎖反應。

✣

有個被我視為「奇蹟締造者」的朋友，是一位將原本每晚三千日幣的溫泉旅館，發展成一晚三十萬日幣的高級度假飯店社長。

五十年前，在最初的溫泉飯店陷入困境時，他抱著「想要重現眾人都感到懷念的故鄉原貌」的想法，將茅草屋頂的古宅整棟移建過來，打造了如同舊時村落的溫泉鄉，結果引發溫泉旅館的熱潮。

二十年前，他買下十三個東京巨蛋大小的土地，自己種植竹林及杉樹林，僅僅蓋了五棟度假別墅。

他藉由「一座山只包給一組住客」、「無邊際圍牆，能直接徜徉在廣闊的大自然中」、「九成自給自足，由最棒的廚師提供料理」等異想天開的服

創造奇蹟的人，一方面有著過度樂觀的妄想，
一方面又會不停地苦思冥想。
直到自己所堅信的事變成「確信」。

務，擄獲眾多客人的心，預約排到好幾個月後都訂不到。

✣

剛開始，每個人都覺得這些想法「不可能成功」，唯獨這個人不只想著「如果能成功就太好了」，更是深信「這是自己必須做的事」，所以才將這般想像化為現實。

為了顧客，為了當地的工作機會，為了世界的觀光業，為了現在這個時代，這些事都必須做。他的這股熱情帶動了他的員工，也帶動了當地銀行、大型航空公司，甚至帶動了政府。

✣

我曾經問那位社長：「你的夢想全都實現

了，應該沒什麼遺憾了吧？」

「當然有啊。過去我不管做什麼，都覺得自己已經做到最好了。但是，現在回過頭去看，很多地方還是考慮得不夠。如果當初更謹慎一點，應該還能做得更好。」他這麼回答。

當時他雖然已經盡力去考慮所有的狀況，但是在現今自己的眼中，還是有很多不足。不過，或許就是他這種永遠都覺得「不足」的個性，才讓他能不斷思考，不斷進行各種挑戰吧！

創造奇蹟的人，一方面有著過度樂觀的妄想，一方面又會不停地苦思冥想。他們所煩惱的已經不是「要不要做」，而是「該怎麼做才能實現自己的想法」、「能不能做出更好的東西」。他們會為了找到更好的方法或建立更好的願景而不斷煩惱，直到自己所堅信的事變成「確信」。

無論什麼事，人都有辦法自由地「想像」。

所有人從早到晚也都在實踐自己所想像的事。

再不可能的事，只要覺得「應該可以」，就一定做得到；覺得「不行，不可能吧」，就絕對做不到。覺得人生很美好，人生就會變得美好；覺得人生很無聊，人生就會變得無聊。

人就是這樣靠著想像和信仰，自由地創造每天的生活及人生。

所以，「相信的人」獲勝。既然如此，為什麼不乾脆盡情地去想像各種讓自己開心的願望呢？

32．創造奇蹟的人，永遠對未來抱著期待

總是「發揮神奇力量」、「活得很開心」的幸福人們，都會隨著讓自己興奮的「興趣」和「好奇心」行動。

人對於自己感興趣及想做的事，都會不由自主地去思考並展開動作。只要有好奇心，不需要費力，自然而然就會出現動力。

「難以全神貫注」的人，很可能現在所做的事並不能打動自己。

既然沒有興趣，那麼，再怎麼對自己說「做這件事會有好處哦」，還是很難動起來。

當你找到了讓自己感到興奮與好奇的事物，
就等於同時獲得能驅動自己的「目標」及「力量」。

對什麼事感興趣，可以從自己之前對哪些事物「最為關注和重視」、「花費了多少時間」來判斷。

比如說，對時尚感興趣的人，應該已經時常閱讀時尚雜誌，逛街購物，觀察街上人們的穿著。

對美食感興趣的人，一定會到處搜尋美食，也會自己親手做料理，調查與食材相關的各種資訊，或者去料理教室上課。

✣

我有個朋友叫M。

他從小學就經常被欺負，成績永遠墊底，聽說國中畢業時連九九乘法表都背不好。

等他國中畢業當上木工，雙親相繼去世，只能輾轉在建築工地工作。

二十三歲時，他看了戀人買的關於愛因斯坦的電影，驚訝於「居然還有這樣的世界」，從此對物理學產生興趣，決心要考上大學。

他從夜間部考上知名的國立大學，一路讀到研究所，埋頭研究天文物理學。三十六歲時，他成了自己高中母校的老師。

後來，他將自己的親身經歷寫成一本書，四處進行演講。

真是令人驚訝的戲劇性發展。

我想他一定付出了極大的努力，卻看不出任何費力的痕跡，只讓人感受到「一路實現夢想」的爽快。

✣

好奇心旺盛的人都有一個共同點，就是都擁有堅韌的性格。有時努力了卻沒得到成果，有時會感到挫折難過，即便如此，他們還是深信「堅持下去一定會有好結果」，持續關注、不放棄任何希望。

如果你也想將自己的夢想及目標化為現實，就要找到會不斷產生能量的「泉源」。

為此，必須保持坦率誠實的心，珍惜自己內心那些「想看」、「想知」、「想試試看」的興奮情緒。

如此一來，你自然就會知道，在自己心裡的優先事物是什麼。

沒有比正在實現夢想的人，還要更幸福的存在了吧！

✣

當你找到了讓自己感到興奮與好奇的事物，就等於同時獲得能驅動自己的「目標」及「力量」。

只要一直保持興奮與好奇，新的大門就會一個接一個地打開，讓我們持續地往前進。

✣

如果「總是很快就想放棄」，也不要勉強自己付出更多努力，可以試著讓自己看向前方所等待著的喜悅。

一直看著那麼光明的未來，夢想必定很快就能化為現實。

33.創造奇蹟的人，總是在行動

即使知道好奇心及產生興趣的重要性，還是有人會「找不到讓自己開心興奮的事」、「有想實現的夢想，卻沒有動力」。

如果你是這樣的人，最好的方式就是馬上行動。

只要動起來了，就一定會遇到「打動自己的事」。

「好有趣啊」、「原來如此」、「好厲害哦」……不斷地經歷感動之後，「想發現更多有趣事物」的感知天線就會變得愈來愈靈敏。

這種感受力不但是人類活著的力量，更能讓我們享受人生。

其實，每個人應該從小都擁有這種力量，只是被各種長大後的事情分散注意力，現在已經忘記了。

總是等著別人給予，無法磨鍊感受力。
唯有使用自己的五感，
親自去現場看、聽、觸摸、品味及嗅聞，
才能真正獲得磨鍊。

生活在現代，就算我們不主動去感受，依然會接收到一個又一個的刺激。即使不去思考，也同樣會接收到自己所無法蒐集的各種資訊。

只要打開電視或點進網頁搜尋，就能看到我們不理解的商業領域、小眾又偏執的愛好世界，還有全世界的動向。

但是，千萬別以為自己這樣就是真正了解了。

這不過是才看完一本旅遊指南，也只是剛剛入門而已。

沒有真正去到現場，很多事情是永遠都不會知道的。

去到現場之後，才會對很多事情感到好奇，引發「為什麼會這樣」的思索。

人與人的相遇，也會讓人感動或學習到別的事物。

在商場中成長起來的人，非常重視「現場」的「體驗」。

某個保險公司的女性業務，為了提升自己的業績，特地去參加講座、研究說話技巧，還花了很多心思製作漂亮的企畫書。

但是，那對她的業績完全沒有幫助，直到某天她才突然開竅了。

「我最應該做的是了解現場，磨鍊自己的感性吧？」

她開始不主動說話，專心傾聽客戶的需求。

然後，她才開始真正了解「客戶想要什麼」、「說什麼客戶才會有興趣」、「說什麼可能會讓客戶反感」。

從那之後，她的業績蒸蒸日上，成為那家公司第一名的超級業務員。

✣

總是等著別人給予，無法磨鍊感受力。唯有使用自己的五感，親自去現場看、聽、觸摸、品味及嗅聞，才能真正獲得磨鍊。

就像人際關係，必須要透過與各種人的接觸，才能產生某種直覺。

「這種類型的人喜歡製造小團體，要別人聽從他。最好保持距離。」

「這種類型的人，只要能向他好好說明，就會願意理解。因此不用與他發生爭執。」

這些「規則」都需要透過實際行動來讓自己理解，進而刻入靈魂。

想讓人生這場遊戲變得更快樂、更精彩，就要事先知道各種各樣已經存在的「規則」。

✣

世界非常廣闊，也充滿著未知。努力去尋找各種有趣的東西，就一定會找到讓自己感動的事，進而開始行動。

接著，會有愈來愈多的領悟，也有更多事物需要學習，行動起來會變得更順遂。

馬上行動，反覆地去感受，道路自然就會打開。

34.創造奇蹟的人，從來不找藉口

創造奇蹟的人，從來不找藉口。
因為他們知道，找藉口對自己沒有任何好處。

✣

他們也不會向別人解釋自己為什麼沒有做到。
不小心遲到了，不會推給「電車誤點」；截止期限到了交不出東西，也不會辯解說是「最近太忙了」。
做不到的時候，只會說「對不起」。
準備往自己的夢想踏出一步時，不會為自己找理由。
只要還在推卸責任，夢想就絕對不可能實現。

不為自己找藉口，
就是將人生的掌控權握在自己手上，
一旦推卸責任，讓內心產生負擔，
就無法發揮力量了。

在我認識的人當中，有一位讓我深刻體會到什麼叫「奇蹟般生存下來」的人。她是一位日本的女攝影師，從五十多年前就不斷往返美國、古巴及非洲，拍攝當地的公民運動及居民生活。

我向這位已經超過八十歲的女性，詢問了大家都感到疑惑的問題。

「在三六〇日幣才能換到一美金的時代，去非洲極為困難，您是怎麼辦到的？」

「我提出想去當地進行拍攝，好幾家公司就跳出來，說願意給我提供援助。」

一家日本電子工業龍頭的社長問她：「你能採訪到古巴的革命領導人嗎？」

她立刻回答：「當然可以！」然後用三個月學會了西班牙語。據說，她採訪時還帶了日本製的電晶體收音機當作禮物。

當她獨自一人前往幾乎打聽不到任何情報的美國西部進行採訪之旅時，不小心染上了黃熱病，差點丟掉性命。

接到日本發電報催她「趕快回國」，她也只回道「不回去，要繼續旅行」。她遇到了無數次的危險，讓她活下來的原因就是「既然決定要做，就要堅持到底」的信念。

我問她：「為什麼會這麼有勇氣？」她回了一個讓人意想不到的答案。

「因為，我是鹿兒島的女人。」

包括我在內的鹿兒島女性，應該沒有人會把這件事拿來當作自信的來源。明明多的是退卻或放棄的理由，她卻因為深信「鹿兒島的女人很強悍，一定做得到」，就一直維持著堅定的信念。這讓我受到了極大的衝擊。

創造奇蹟的人，一旦被問到「要做嗎」或是「做不做得到」，即使還沒準備好，也會立刻回答「要做」及「做得到」，然後順勢去到自己能抵達的盡頭。到達之後，再隨著更大的機遇去到更遠的地方……就這樣不停往前，直到來到一個自己完全無法想像的國度。

他們的共通之處，就是絕對不找藉口，再難的事情也會想盡辦法克服。

如果不斷地找理由放棄，說自己「沒辦法」、「做不到」，一切就會在那裡結束，也不會再有人給他們機會。

✣

當我改掉「推卸責任」的習慣，努力「不為自己找藉口」，人生就有了一百八十度的轉變，這一點也不誇張。

我並不是說要「嚴以律己」。

而是推卸責任會讓內心產生芥蒂，但是「只要找到方法就能解決」的想法，會讓內心變得輕鬆，也更加充滿希望。

當我們開始思考做不到的理由，各種藉口就會不斷冒出來。「因為太忙了」、「因為沒有錢」、「因為年紀大了」、「因為沒有能力」，就像這樣。

但是，即使有所擔心，同樣可以付諸實行，反正最後總會找到辦法。

當然，事情也有可能不順利，或是不成功。

這時，就要思考「接下來該怎麼辦」。如果「無論如何都想完成」，那就再找新的方法嘗試。該修正的地方就修正，累了就暫時休息。

用這種方法排除錯誤，反覆進行嘗試，真正想實現的夢想及目標，就會展現出清楚的輪廓，變得愈來愈接近。

✣

不為自己找藉口，就是將人生的掌控權握在自己手上，並百分之百地接受現實，甚至聰明地拿來利用。

舉例來說，當自己出現了重大的失誤，不會將責任推到「不成功是因為失誤」，而能從正面去思考，想想「幸好出錯的是現在，要是再晚一點，後果可能會更慘」。

就算被別人批評，也不會給自己踩煞車，想著「還是放棄算了」，而會告訴自己「原來還有那樣的角度，幸好對方提醒我了」。

雖然有時候會沮喪或生氣，只要盡快放下這些情緒往前看，心情也會慢慢跟上來。

將心態轉換成「現在這樣就好」，便能往前邁進。

如何看待所發生的事，會讓接下來的行動變得完全不同。

一旦推卸責任，讓內心產生負擔，就無法發揮力量了。

✣

命運或運氣，只會聚集在一直向前走的人身上。

想要實現夢想、珍視自己的人生，不管發生什麼事，都要告訴自己「就算那樣也沒關係」，然後繼續往前走。

35．創造奇蹟的人，即使跌倒也能站起來

「明明是自己想做的事卻無法堅持」、「一遇到什麼瓶頸就立刻想放棄」，有這種想法的人，是不是把實現夢想這件事想得太輕鬆、太簡單了？

不是所有事情都能那麼簡單和順利，也不可能做到完美，畢竟現在要挑戰的是之前從來沒做過的事。

創造奇蹟的人都有心理準備，知道「不可能事事稱心如意」。所以，就算不小心跌倒，也會當成理所當然，繼續往前。

比起避免跌倒，他們更重視如何在跌倒之後站起來，再平靜地向前走。

沒有人喜歡跌倒，但只有跌倒才能讓人「學到」更多東西。有些事情就

如果你有想做的事情或想實現的目標，
跌倒時記得告訴自己「這是很正常的事」。
跌倒，也可以說是另外一種「機會」。

是必須在遭遇困境及通過難關之後，才可能學會。

不單只是找到成功訣竅或理解失敗模式這種淺顯的領悟，更重要的是背後所學到的無形功課，像是一顆不為小事動搖的柔韌內心，以及過去不曾見過的觀點。

✣

如果你有想做的事情或想實現的目標，跌倒時記得告訴自己「這是很正常的事」。

跌倒，也可以說是另外一種「機會」。

看看你的周圍就知道。在人生中跌倒過愈多次、經常被逼到絕境的人，他們的成長最為迅速。

話是這麼說，跌倒還是很痛苦。為了不讓自己陷入跌倒的痛苦中站不起來，有三個方法可以預防。

✣

首先是斷開「個人情緒」，只考慮如何「解決問題」。

這時絕對不能焦急，試著用旁人的角度，客觀地告訴自己「別怕，人就是會如此」。

如果從主觀的角度去看待自己身上發生的事，就會陷入恐慌及不安的情緒裡。這裡說的「客觀」，可能更接近「樂觀」。

努力思考「那麼，接下來該怎麼辦」，再用平靜的眼光處理眼前的問題，帶著樂觀的態度往前邁進。

✣

再來，是尋求他人的幫助。

如果自己做不到，就去詢問有相關經驗、能夠給予指點的人。即使最後找不到解決辦法，透過與對方的談話，也能讓心情變得更輕鬆，如果能因此客觀地看待自己的問題，察覺到「對哦，原來我只要這麼做就好」，或許問題就能自行解決。只要努力尋找「願意給自己建議的人」，所需要的人自然就會出現。

✣

最後，就是藉助幽默的力量。

這種時候最需要能發現快樂和有趣事物的幽默感。如果能在自己所置身的狀況裡創造出快樂的事，或是與同事、家人愉快地談天說地，將自己的狀況當成有趣的事情自嘲，都是不錯的解決方式。幽默具有讓人在任何境況裡都能輕鬆前進的力量。

✣

我有個三十多歲的女性上班族朋友，曾經拿五千萬日幣去投資，全部血本無歸。

那五千萬甚至不是現金，而是一張借款單。

之後，她將「償還五千萬借款」當作自己活著的第一目標，因為「不想逃避」。

雖然她曾經陷入絕望，但也努力取得了理財規畫師的資格，進而轉換跑道，遇到了讓她尊敬的職場上司，有如人生導師的指點，讓她很快在五年內還清了借款。

現在，她抱著「再也不要出現像我這樣為錢所苦的人」的想法，四處舉辦講座，活躍於第一線。過去的挫折，讓她抓住了更大的「機會」。

✣

說是「試煉」，或許會給人辛苦艱難的感覺，但是「測試與練習」，卻能讓人得到無法估量的收穫。

所以不用害怕，不管人生跌倒多少次，都一定能夠挽回。

處在漩渦之中雖然痛苦，一旦通過之後，就一定會看到前所未見的景色在眼前展開。

36．創造奇蹟的人，懂得珍惜對自己來說重要的人

憑藉一個人的力量，不可能「讓奇蹟發生」，從來沒聽過人只靠自己就創造了奇蹟。

從吃飯、生活、工作到玩樂……都必須靠許多人的付出以及打下的基礎才能辦到。所謂的「運氣」也不是從天而降，而是透過各個不同的人際關係所帶來的。

✣

用「奇蹟」來形容我身上發生的事，總覺得有點厚臉皮，但是，從開始

寫書之後的十幾年，我的人生就一直發生著各種奇蹟。

奇蹟發生的最主要原因，就是我總會遇到貴人。

不對，或許是因為我懂得珍惜「對自己很重要」的人，所以在意想不到的時候就發生了奇蹟。

✣

我能成功出道變成作者，最大的契機，是我在旅途中遇到了一位出版社的社長。當時我的夢想是成為記者，所以也沒想過與這位出版商業書籍的社長有工作上的交集。

雖然如此，但這位社長是個平時難得一見又令人尊敬的人，我很珍惜與他之間的緣分，所以經常與他相互聯繫及見面，最後在他那裡出版了我的第一本書。

現在回想起來，一個沒有特殊知識及經驗，基本上默默無名的人，最後居然可以出書，只能說是奇蹟了。

不只是為了自己，人為了他人更能發揮自己的本領。
想為別人做些什麼時，體內就會湧出巨大的力量。

此外，我也曾經與只在電視和書本中聽聞、私下十分敬佩的人在現實中直接見面，甚至有機會與他們合作，或成為朋友，這也算是另外一種奇蹟。

創造這些契機的，都是一起合作過或默默幫助過我的某個人，問我「要不要試試這個工作」或是「要不要見見這個人」。

前陣子，還有知名YouTuber在網路上介紹起我的書。我當然打從心底感謝這位影像創作者，但是，能發生這種奇蹟，也是因為之前有人為我製作並出版了這本書，還有一直支持我的家人、朋友及讀者，我真的很想握住每個人的手，轉著圈，一個個地對他們表示感謝。

這些奇蹟似的際遇，都來自於人際關係這塊「沃土」，只要細心耕耘，就會突然開出巨大的花朵，結出美味的果實，給自己一個驚喜。

一個人就算擁有再厲害的才能「種子」，如果只把它丟在一邊，不種入人際關係的沃土裡，就永遠也不可能開花。

不珍惜他人的人，別人也不會珍惜他，還會慢慢地離他愈來愈遠；一個人對別人漠不關心、態度蠻橫，旁邊的人也不會產生「想幫助他」的心情，甚至還可能在背後扯他後腿。

對方的態度就是自己的鏡子，不被身邊人珍惜的人，代表自己也不珍惜身邊的人。

「珍惜他人」並不是要討好每一個人，更不是犧牲自己，或是要對別人言聽計從。

其中一個重點，就是不管對誰都保持禮貌的態度。也就是說，不需要對方喜歡自己，但也不要讓人感到不愉快，禮貌地對待對方就好。

放眼各種場合，都有不打招呼、不回話、對人有差別待遇、態度蠻橫等沒有禮貌的人。他們大多數都不在乎別人的心情，只會用利益及立場來判斷別人，所以才會出現那種行為。

但是，誰都不知道會在哪裡碰到什麼人，又會發生什麼很棒的事。

禮貌地對待眼前的每一個人，明確向對方傳達自己「願意珍惜對方」的訊息。

對於年紀比自己小或弱勢地位的人，也要表示尊重、感謝及敬意。

如果這樣還被討厭，那就是對方的問題，不加理會就好。

第二個重點是看著對方，用正面積極的言語與對方交流。

再怎麼重視對方，如果不用言語或態度表達，也無法傳遞出去。

說話的時候看著對方的眼睛，重複向對方表示「自己和他們在一起很舒服」、「很快樂」、「很放心」等正面情緒，會加深彼此的信賴關係。以此為基礎，再一起經歷衝突、煩惱、嚴格要求等階段，就能建立更深厚的關係。

尤其是身邊的人，更需要給予特別關注。

這聽起來好像很理所當然，但問題是——對自己愈重要的人，我們就愈常因為安心而忽略，反而去討好與自己沒那麼親近的人。

看向自己的身邊，那些願意接納、支持我們原樣的人一定就在那裡，甚至還有人已經伸出手，準備給我們幫助。

就算只有少數幾個，只要珍惜這些值得珍惜的人，也會獲得對方的珍視，幫助自己發揮更大的能力。

✣

第三個重點，是欣賞、珍惜「有能力貢獻他人的自己」。

不只是為了自己，人為了他人更能發揮自己的本領。有些事如果只考慮自己一個人，可能很難產生動力，甚至乾脆覺得「算了」然後放棄。但是如果因為「那個人會感到開心」、「想成為那個人的力量」，想為別人做些什麼時，體內就會湧出巨大的力量。

有人支持我們，為我們開心，這會讓我們的內心變得更為堅強。

為家人做三餐、為朋友及戀人選禮物、為公司聚餐準備餐點、讓客人覺得開心、當自己幫助了有困難的人……不管是什麼事，只要能為他人做出貢獻，自己也會感到開心及驕傲。

想讓奇蹟發生，就不要只為了自己，而也是為了他人去實現夢想。如果為他人的幸福做出貢獻，能夠成為自己人生的幸福，那麼，全世界都會成為自己的力量。

Chapter 7

你能成為自己想成為的人

當時代改變，生活方式變得如此多樣化，已經沒有人走在我們前面了。我其實衷心期盼那樣的狀況。你有能力決定今後「想成為的自己」。

37.「現在的你」就是「你想成為的自己」

你總是會做出最好的選擇。

因為，沒有人會做出令自己厭惡的選擇。

即使是在迷惘或後悔當中做出的選擇也一樣。最後必須那麼做，就代表「當下只有那個選擇」。

不管之前的決定是什麼，都一定有它的理由。

過去所做的選擇和決定，最終會成為你在無意識中對自己設下的「自我形象」，也就是「我是這樣的人」。

現在的你，就是「你想成為的自己」。

「想成為的自己」沒有任何限制，
可以自由自在地變換。
「活得像自己」，也是對自己的心誠實，
能夠自由地選擇想去的方向。

你可以說「並不是那樣啊」，但既然做出那些選擇，在你的內心深處還是想成為這樣的人。

✣

過去還是上班族的時候，我曾經這樣想像過未來的自己──「從事還算可以的工作，享受還算可以的玩樂，存下還算可以的存款，度過還算可以的老後……」

過去多次換工作的經歷，讓我覺得人生沒那麼簡單，幸福的訣竅就是不要有太多要求，學會對現在的生活感到滿足。

只是，在我的內心深處，總覺得不是這樣。

「喂，你的人生，真的這樣就可以了嗎？」

不斷出現這樣的聲音。

就在這時，我突然失業了，之前描繪的人生藍圖瞬間全部崩塌。

然後，我決定要「出去旅行，靠著採訪及寫作維生」。從那天起，我的生活就完全改變了。

首先，我所讀的書籍種類、報紙版面和以前完全不一樣。平時穿的服裝、說話的遣詞用字及內容也開始改變。想見的人不同了，去的場所也不一樣了。目光朝向的地方，所做的事情，都和過去有著很大差異。或許連臉上的表情都改變了。

當我將自我形象改變為「實現自我夢想的自己」，從那一刻起，我所做出的行動、身上散發的能量全部變得不一樣了。

只要是人，不管是誰，都會在生活中無意識地對自己抱著「我是這樣的人」的自我形象，然後依循著那樣的形象行動。

如果從小就在「你真是一個好孩子」的讚揚中長大，自然就會一直扮演好孩子。

如果在公司裡被表揚「工作真的很仔細」，就會努力保持那樣的狀態。相反地，總是遲到的人，若認為自己是「無法遵守時間的人」，之後可能還是會採取同樣的行動。

就像這樣，不論好壞，人都會依循「自我形象」去行動。

因為那裡是自己的舒適圈，活在自己設想中的世界裡其實非常輕鬆，一旦必須做出對自己來說不可能的選擇，感覺會很不舒服。

✣

但是，請你仔細想想——「我是這樣的人」的形象，不過是我們自己任意想像出來的東西而已。

「想成為的自己」沒有任何限制，可以自由自在地變換。

「活得像自己」，也是對自己的心誠實，能夠自由地選擇想去的方向。

✣

我曾問過一位男性編輯這樣的問題。

「為什麼選這個工作呢？」

「我在學生時代非常討厭看書，但我不希望自己一直都那個樣子，就想如果去挑戰了自己最不喜歡的事，或許可以打破自己的局限，成為一個格局更大的人。」

真是果斷的抉擇，他現在已經是十分活躍的厲害編輯了。

「你現在還是討厭看書嗎？」

「當然不了，我現在每個月都要讀幾十本書，完全為書著迷。」

✣

如果你也有「不想這樣下去」、「想嘗試另一種生活方式」的想法，就試著想像「正在實現夢想的自己」。

然後，再照著那個想像去選擇你的行動。

等到十年、二十年後，你就會擁有與現在完全不同的人生。

38. 你有能力立刻做出決定

你有能力決定今後「想成為的自己」。

那並不需要龐大的能量，也不需要強大的能力。只要以重要的事為優先，然後立即採取行動就好。

但是，即使這麼簡單，你可能還是會覺得「沒有信心能做到」吧？

✣

其實，去思考自己有沒有信心根本沒有意義。

就算行動之前真的問自己「有沒有信心」，試圖做出一番分析，大多數時候還是給不出答案。

所以，在過度思考之前，直接「行動」就好。

單純只考慮行動，就只剩下「做」或「不做」兩個選擇。無論做什麼選擇都可以。

而當眼前的事都是選項，無論哪一個選擇都「可以做」。既然都「可以做」，那為什麼不乾脆選擇去「做」呢？

那會讓自己感覺更好。

✣

據說，已故作家宇野千代在寫完《阿娟》這部長篇小說之後突然停筆，一行字都寫不出來。

「我已經什麼都寫不出來了，幾乎到了靈感枯竭的年紀。」

她在六十歲時出現這種念頭，在之後的十七、八年就真的完全沒有作品。

直到某天，她一直尊為導師的中村天風這麼對她說。

「人很容易受到自己的暗示。覺得自己做不到，那就做不到；相信自己明明可以做到卻不去做，那實在太無趣了。
如果有機會可以試試自己最遠能走到哪裡，
不是很有趣嗎？

做得到，那就什麼事都做得到。」

「真的嗎？」她試著寫了兩、三行。

「咦？真的可以。

「所以，說不定我還有能力寫作？」

這麼一轉念，之前長時間都寫不出東西的狀況就像假的一樣，她突然開始文思泉湧。

她晚年的作品充滿了生命力，也獲得了許多文學獎。

自信這種東西，總是在不經意間就突然出現了。

當然，直接對自己說「我什麼都做不到」、「我沒有毅力」、「我無法堅持」、「我的年紀太大了」之類，或許最為輕鬆。

因為那樣的自己令人安心，也不會讓自己失望。

但是，明明可以做到卻不去做，那實在太無趣了。如果有機會可以試試自己最遠能走到哪裡，不是很有趣嗎？

就算失敗了、選錯了也沒關係，人生就是要活得毫無遺憾才瀟灑。

✣

雖然完全不能和宇野千代相提並論，但我也曾經什麼都寫不出來。

不管做什麼工作，只要時間久了，都一定會遇到「瓶頸」。

也不是什麼實質的阻礙，就是某天突然感覺到「我做不到了」。

即使寫出來的內容總是過不了自己這關，我仍舊逼迫自己每天坐在電腦前，持續寫作。

然後，每天虔誠地向上天祈禱。

「我每天都有做該做的事哦，我沒有偷懶哦，所以啊，趕快讓我寫出好文章吧！」

因為我知道，只要堅持下去，「那個時候」就必定會到來。

✣

我很喜歡宇野千代描寫人性本質的這段文字。

人類是行動的動物。

活著就是動。

活著的每一天，

身體要動，

心也要動。

——《幸福法則一日一言》

✣

既然都要動，當然要往自己想去的方向動。

39. 人的「優先順序」會隨年齡改變

經常有人會感嘆自己身邊沒有「榜樣」。

公司裡沒有「工作榜樣」，社會上也沒有「生存榜樣」。即使想找到學習對象，也沒有人在做自己感興趣的事。

那是當然的。在過去的時代，或許還存在著「這樣的男性（女性）才幸福」、「這麼活著才安穩」的某種標準，但當時代改變，生活方式變得如此多樣化，已經沒有人走在我們前面了。

我其實衷心期盼那樣的狀況。

畢竟，活在世界所認為的「應該」裡，算得上「活得像自己」嗎？

幸福的生活方式，沒有規則。
只要順從自己的心，
坦率地選出自己「想珍惜的東西」就好。

如果總是想在人生中避開傷害，就會錯失掉真正的喜悅。

那麼，我們應該依靠什麼活著呢？

當然是自己的「心」。

除了以自己的感受及想法為目標活著，沒有其他辦法。

幸福的生活方式，沒有規則。

想住在世上哪裡就住哪裡，想做什麼工作就做什麼工作；結婚也好，不結婚也好；想怎麼度過一段時間就怎麼過，想擁有多少錢又花在什麼地方，全都是自己的自由。

但是有一點要留意，想要好好地活著，得要理解社會的規則，並從中取得平衡。

只要活在世上，就會有經濟活動，也必須與他人產生連結。同時，自己心裡更有著「想要如此」的「信念」。

那不是別人所給予，而是自己所創造出來的。

就算沒有可以完全作為榜樣的人，但一定有讓你「想學習某個部分」的人吧。

還有已經透過歷史證明的事，或是讓人想珍惜的文化及習慣。可以參考這些智慧，多多增廣見聞，製作出專屬於自己的教科書就好。

你心中認為「優先的事物」，不應該交由別人來決定，必須是由自己主宰。世上的人各種各樣，不過在時間的運用方式，大抵可以分為這四種。

- 「生存（經濟活動）」

●「愛（感情生活）」
●「學習、快樂（自我實現）」
●「給予（社會貢獻）」

✣

人生的優先順序總是在改變。

因為所擁有的東西、生活的環境改變了。

二十多歲時，為了生活所需的經濟活動會拚命工作，等到後來擁有了家庭及孩子，就會變成以培養感情為中心的生活。等到年紀漸長，有愈來愈多人「想要為別人做些事」，開始進行社會公益活動。

有人珍惜所有的時間，有人可能偏重某個方面，那都是個人的自由。

只要順從自己的心，坦率地選出自己「想珍惜的東西」就好。

✣

只是，世上所有的事情都有關聯。

將經濟活動當成生活的重心時，會寧願犧牲掉其他的一切，也捨不得放棄工作的時間，但是從長遠看來，適當的放鬆反而對工作有好的影響。

此外，有時候生活中有愛，工作起來也會更有動力。

有人能在實現夢想的同時，又兼顧其他的事情。

學習包容更多的事，靈活地在每個當下選擇對自己重要的事，決定好優先順序，再一個個去實現。

選擇能豐富人生、能讓自己快樂的行動就好。

40．每個當下的「優先順序」都不同

那是一個舒爽又萬里無雲的春天傍晚。

空氣澄澈清新，不冷也不熱。這樣舒適的傍晚在整年當中難得一見，我一察覺到就立刻飛奔而出，朝著附近的公園走去。

✣

我的手上有很多工作，還有必須要回覆的郵件，但是總會有辦法。

因為我當時覺得：「享受這個傍晚是現在最優先的事。」

我漫步著，欣賞夕照從紅色慢慢轉為藍黑，等我坐到公園的椅子上，毛絨絨的蒲公英種子隨著清風從我眼前飄過。

當時，我全身上下都被無法形容的幸福感包圍，那是一個讓人忍不住感謝「啊，活著真好」、充滿喜悅的傍晚。

其實我不知道自己為什麼會有這種心情。

但是，我非常清楚地知道：「幸好，我以這件事為優先了。」

✣

每天過得太過忙碌，就會失去這種「為微小的事物感到幸福」的時刻。

思考「以什麼為優先」時，都會以工作、家庭、自己的興趣等能夠「解決」或「達成」的事為中心。

不過，偶爾「丟下一切，以別的事為優先」也不錯，那就是你的內心當下所「渴求」的事物。

決定「優先順序」不是用頭腦思考，而是要遵從內心的感受。

✣

我喜歡順從自己的內心採取「突然」的行動，就像是「現在，我想看書」、「現在，我想去泡溫泉」、「現在，我想做料理」、「現在，我想與你

偶爾「丟下一切，以別的事為優先」也不錯，
那就是你的內心當下所「渴求」的事物。

說話」等等。

趁著熱情還在、尚未退卻之前馬上行動，最能順利完成，得到的喜悅也最大。

為了想讓自己「想做什麼事能立刻去做」，最好不要將未來的計畫訂得太滿，放輕鬆一點比較好。一旦將計畫訂得太滿，就會被這些計畫占去所有精力，導致失去內心的餘裕。畢竟，行動也是有「新鮮度」的。

✣

另一個不會讓自己搞錯優先順序的關鍵，是想想「哪邊會帶給自己更大的喜悅」。

舉例來說，「現在很想看電視劇」，但是馬上就要考試了。與「看電視的喜悅」相比，「努

力考出好成績的喜悅」一定更大吧。所以，好好讀書為優先。

再來，即使「現在工作真的很忙」，但是健康檢查要求「盡速複診」。這時不妨想想，「未來能一直健康工作的喜悅」一定比「現在勉力工作的喜悅」來得更大。因此，去醫院檢查為優先。

✣

我有個朋友是高中老師，永遠以工作為優先。因為兒子住院，才初次請了一星期的假。

「孩子小的時候我都沒請過假，我以為自己絕對不能休息，結果還是有辦法。現在能陪在兒子身邊，我真的覺得太好了。」

比起別人眼中的「定位」，她現在更重視自己「人生」當中重要的事。

優先順序會隨著每個當下改變。

靈活地選擇對你來說能帶來「更大喜悅」的事吧！

41. 是否擁有「優先的重要事物」，將決定人生整體滿意度

我也是曾經因為「無法想像自己的未來，不知道今後會怎麼樣」，而感到非常不安的人之一。雖然好像有想做的事，卻還是滿足於眼前的舒適圈，覺得「現在這樣也不錯」，而一步也踏不出去。

當我為了生活去做時薪制的工作時，總是不斷地盯著時鐘，在心裡嘆氣，想著「還有三小時才休息，時間怎麼不快點過去啊」。

也曾經忙得昏天暗地，等到發現時已經是星期五，假日全用來休養身體，一眨眼星期一又到了。每天都過得渾渾噩噩，回過頭才恍惚「今年一整年

到底做了什麼」。

嘗試過各種事情之後，才理解到人生的價值是無法用時間測量的。

自己的行動及感受，連結著人生的滿足。

每時每刻的喜悅，連結著人生的幸福。

為此，自己的內心需要擁有「優先的重要事物」。

✣

以「重視的事」為目標，其他的事也會變成達成目標的手段。比如說，即使是時薪制的工作，可以從「這是為了實現重要的事所必須做的事，既然做了這份工作，就開心地做吧」這樣的角度去思考。

遇到了痛苦的關卡或壓力，也會覺得「嗯，這是一個考驗吧」，不會因此逃避，還能勇敢地投入其中。

就算面對的是相同的工作、相同的狀況，眼前的事也會變得有趣起來。

能夠擁有那麼多不同的瞬間，不覺得很幸福嗎？

「將夢想化為現實」的「喜悅」，
不在最後到達的地方，而是散落在實現夢想的路途上。
幸福不是「最終成果」，而要在每天的生活中去感受。

最後，我想再告訴你，「將夢想化為現實」的「喜悅」，不在最後到達的地方，而是散落在實現夢想的路途上。

真的很希望你也能體會這種喜悅。

幸福不是「最終成果」，而要在每天的生活中去感受。

重視自己人生的人，非常了解自己的「優先順序」。

為此，他們可以放下「沒那麼重要的事」，也能從一開始就去實行眼前「重要的事」。

他們從不拖延時間，那樣太浪費了。他們會

無意識地感覺到，如果不立刻去做現在應該做的事，「喜悅會減少」。

他們也不會在「重要的事情」上偷懶，因為他們無意識地知道這麼做，「快樂會減少」。

然後，當他們迅速、認真地去執行想做的事，花費很多工夫，並且樂在其中時，就會不斷地感受到幸福降臨的瞬間。

開心地去享受人生中不經意發生的偶然，還有意外的發展吧！

就是因為不知道未來會發生什麼，人生的道路才會更有趣。

✣

不管是什麼樣的人生，都能給現在的自己帶來一些東西。

可能是來自生長的環境、受過的教育、容貌或身體的狀態等等。每個人所經歷的經驗都不同。

與「人生幸不幸運」沒有關係。

希望你能以那樣的自己為「財產」，讓你的人生充滿幸福喜悅。為了重要的事踏出一步，逐一將你的夢想化為現實。

一定有你可以做到的事。

不，一定有些事只有你才能做到。

要知道，你有實現夢想的力量。

✣

好，現在你的心裡，應該已經做好馬上行動的準備了吧？

人生的主角，是你。你現在將要揭開全新舞台的序幕。

站在屬於你的聚光燈下，盡情地散發出你的光芒吧！

國家圖書館出版品預行編目 (CIP) 資料

練習不糾結：擺脫束縛的 41 項行動指南 / 有川真由美著；楊詠婷譯 . -- 初版 . -- 臺北市：遠流出版事業股份有限公司 , 2021.10
面； 公分
譯自：やりたいことを今すぐやれば、人生はうまくいく
ISBN 978-957-32-9292-0(平裝)

1. 人生哲學 2. 生活指導

191.9 110014810

練習不糾結

擺脫束縛的 41 項行動指南

作者／有川真由美
譯／楊詠婷

資深編輯／陳嬿守
協力主編／陳懿文
美術設計／王瓊瑤
行銷企劃／鍾曼靈
出版一部總編輯暨總監／王明雪

發行人／王榮文
出版發行／遠流出版事業股份有限公司
地址／ 104005 台北市中山北路一段 11 號 13 樓
電話／ (02) 2571-0297 傳真／ (02) 2571-0197 郵撥／ 0189456-1
著作權顧問／蕭雄淋律師

2021 年 10 月 1 日初版一刷
2023 年 1 月 20 日初版四刷
定價／新台幣 350 元（缺頁或破損的書，請寄回更換）

ISBN 978-957-32-9292-0

遠流博識網 http://www.ylib.com.tw E-mail: ylib@ylib.com
遠流粉絲團 https://www.facebook.com/ylibfans